KRISTINA JURICK

AQUARELLMALEREI
Himmel & Wolken

STIMMUNGSVOLLE BILDER STEP BY STEP MALEN

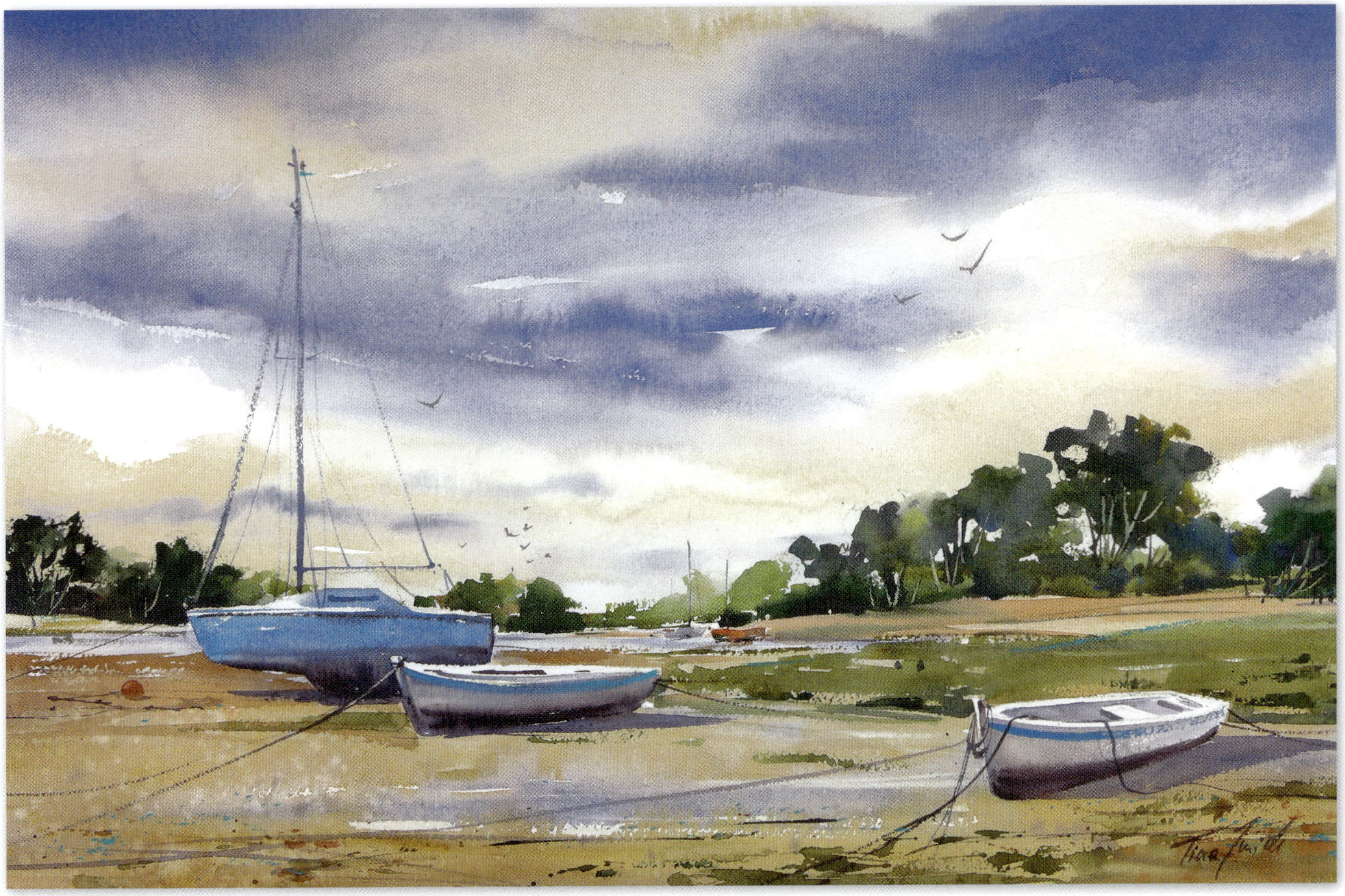

CV

Inhaltsverzeichnis

Vorwort

Himmel und Wolken oder wie wird das Wetter heute? Cirrostratus, Nimbostratus, Altostratus, Kumulonimbus oder Stratokumulus? Das Wetter spielt in unserem Leben eine große Rolle und oft ist es auch für unsere Stimmung verantwortlich. Und so wie das Wetter auf unser tägliches Leben Einfluss nimmt, können wir uns die unterschiedlichen Atmosphären zunutze machen und unseren Aquarellen eine ganz persönliche Bildaussage geben. Von Schönwetterwolken bis zu bedrohlichen Sturmwolken gibt es eine ganze Vielzahl von Wetter-Phänomenen.
So unvorhersehbar wie das Wetter ist meist auch das Aquarell. Es fließt auseinander, es arbeitet manchmal gegen uns und es läuft davon. Es bahnt sich seinen eigenen Weg, und Flexibilität ist gefragt, um es zu kontrollieren. Seine Unberechenbarkeit macht ein Stück weit seinen Charme aus. Wenn wir dann nicht das erreichen, was wir uns vorstellen, sind wir manchmal enttäuscht. Doch oft stellt sich etwas anderes, sogar etwas besseres ein als das, was wir erwartet haben. Dieser Prozess des Loslassens und Reagierens auf das, was auf dem Papier geschieht, ist ein faszinierender und bunter Weg. Ein Weg des Lernens, des ständigen Wiederholens. Ein Weg, der sich lohnt – auch bei schlechtem Wetter.
Ich möchte Ihnen mit diesem Buch Mut machen auszuprobieren, zu experimentieren und sich spielerisch auf das Abenteuer Aquarell einzulassen. Es ist nicht das einfachste Medium, aber unglaublich faszinierend und immer wieder überraschend. Zudem kann es durch seine Transparenz das Licht einfangen wie kaum ein anderes Malmedium.

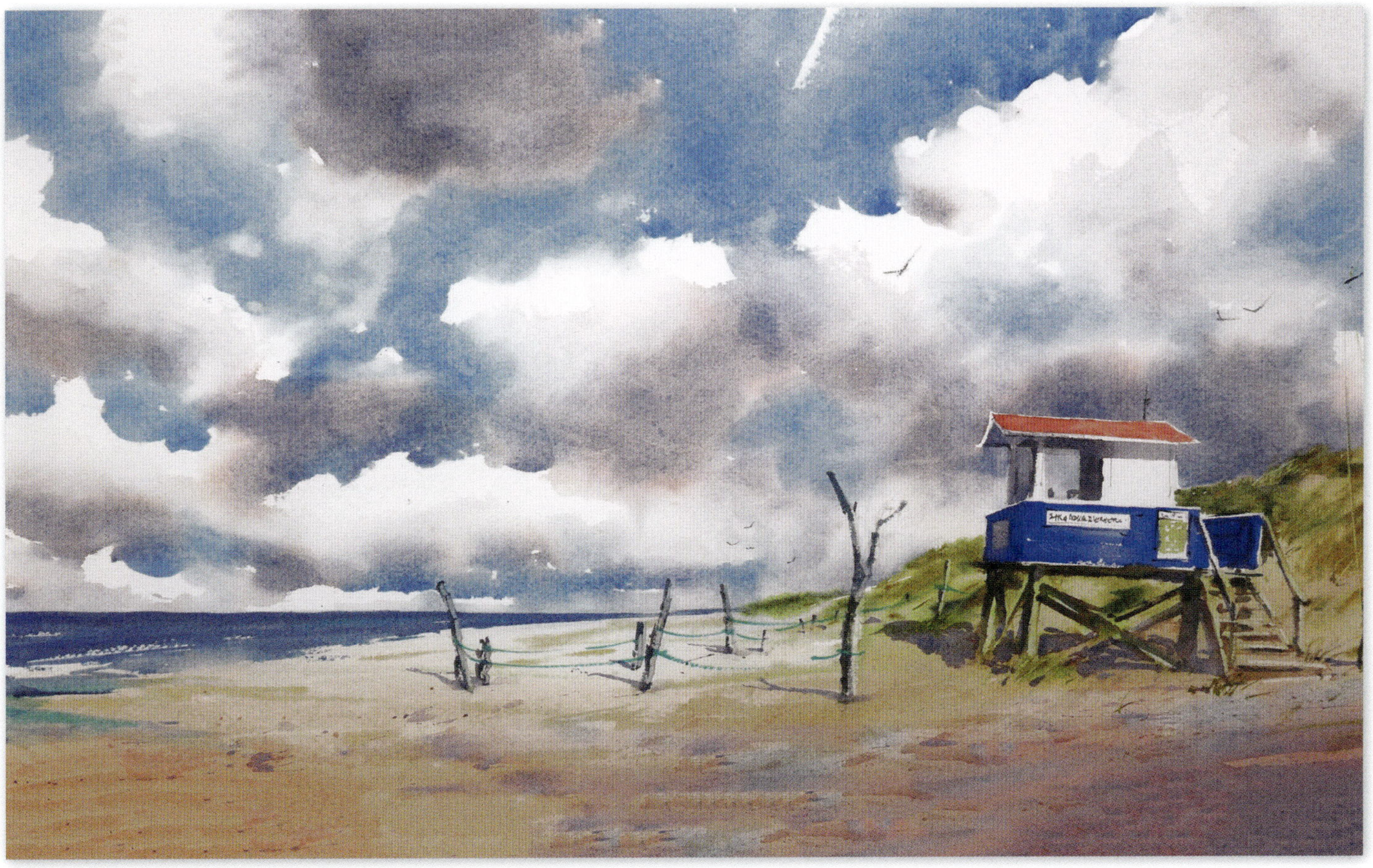

Das Material

Gerade beim Malen des Himmels spielt das **Papier** eine wichtige Rolle, ganz besonders die Qualität. Viele Anfänger beginnen auf preisgünstigem, minderwertigem Papier zu malen und verlieren schnell die Lust am Aquarell, da sich der gewünschte Effekt nicht einstellt. Gute Papiere sind z.B. Arches, Saunders Waterford und Fabriano Artistico, die aus 100% Baumwolle hergestellt werden. Ich verwende am liebsten Papier in der Stärke 300 g/m^2 und fixiere die einzelnen Bögen mit 3 cm breitem Malerkrepp auf einer beschichteten Malplatte. Je nach Motiv entscheide ich mich für die Oberfläche Feinkorn oder Grobkorn (Torchon).
Kommen wir zu den **Pinseln**. Bei der Verwendung der Pinsel kann man die Aquarellmaler fast in zwei Gruppen einteilen: in Rundpinsel- und in Flachpinselmaler. Man kann nicht pauschal sagen, welche Pinsel besser geeignet sind, das muss jede Malerin und jeder Maler für sich selbst herausfinden. Probiere beides aus und schaue, was dir am besten in der Hand liegt und womit du die besseren Ergebnisse erzielst.
Wie beim Papier gibt es auch bei den Pinseln große Qualitätsunterschiede, selbst bei Synthetik-Haaren.

Bei Aquarellpinseln sollte man darauf achten, dass sie genug Wasser halten können und dass die Haare weich und lang genug sind. Gute Rundpinsel laufen zu einer feinen Spitze zusammen. Schüttelt man das Wasser aus dem nassen Pinsel kräftig heraus, darf er sich nicht auseinanderspreizen, sondern muss eine schöne runde Form behalten. Ich selbst male am liebsten mit Flachpinseln und bevorzuge Pinsel mit hochwertiger Synthetik-Faser. Sie ermöglichen es mir, mit der flachen Seite, der Längsseite und der Ecke zu malen, je nachdem, wie ich den Pinsel halte.

Hier stelle ich dir nun meine engsten „Mitarbeiter" kurz vor:

1. Flachpinsel, 1,2 cm breit
2. Flachpinsel, 2,5 cm breit
3. Flachpinsel, 4 cm breit
4. Rotmarder-Rundpinsel Nr. 12
5. Schlepper Nr. 8
6. Malspachtel
7. alter, abgenutzter Synthetik-Rundpinsel zum Spritzen
8. runder, weicher Borstenpinsel zum „Schrubben"
9. abgemalter Flachpinsel zum Auswaschen
10. abgeschnittener, harter Borstenpinsel zum „Schrubben"

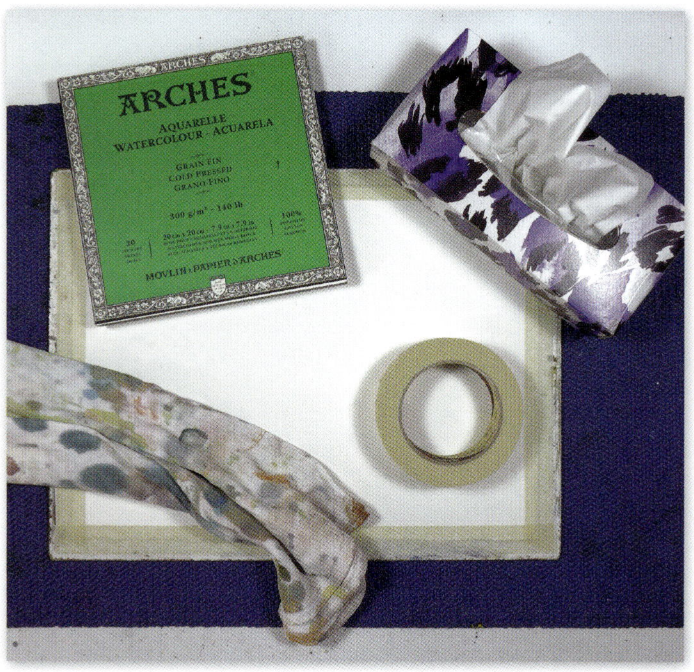

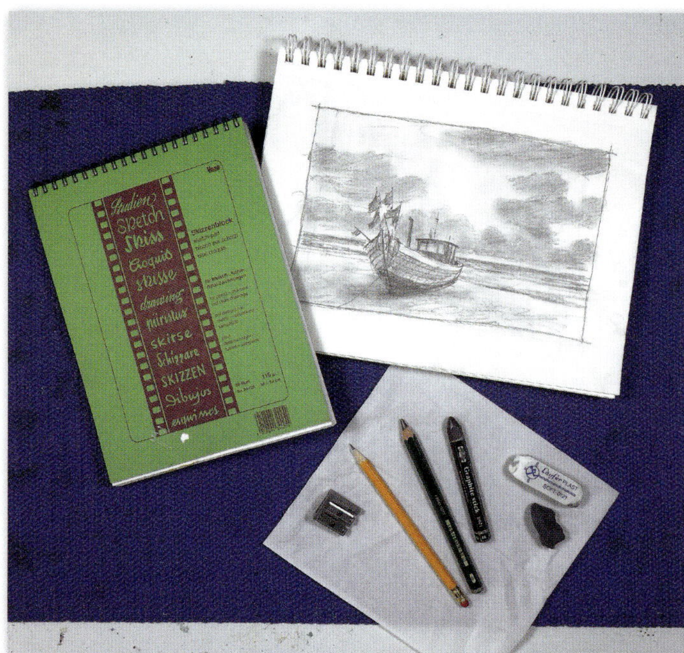

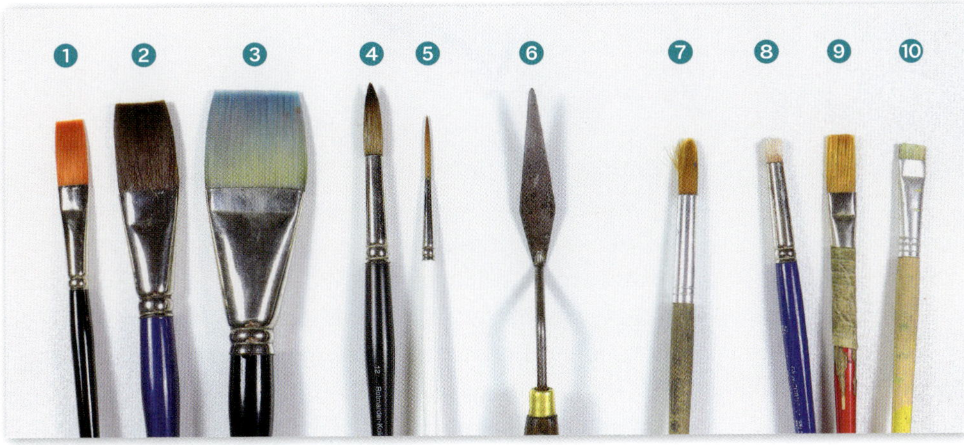

für schmutziges Wasser. Ein **Cellulose-Schwämmchen** liegt bereit, um überschüssiges Wasser aus dem Pinsel aufzunehmen. Außerdem stehen eine Schachtel **Papiertücher** und eine **Sprühflasche** bereit. All das steht rechts von meiner Malfläche, da ich Rechtshänder bin.
Für die Tonwertskizzen verwende ich einen **Skizzenblock** mit einem Papiergewicht von mindestens 100 g/m².

Naturhaar-Pinsel halten in der Regel mehr Wasser wie Synthetik-Pinsel. Mache dich mit den Eigenschaften deiner Pinsel spielerisch vertraut, bevor du mit einem Bild beginnst.
Meine **Mischpalette** hat große Näpfe und ich befülle sie mit **Tubenfarben**. Eine gute Mischfläche mit weißem Untergrund ist wichtig, damit man die verwendete Farbe bereits auf der Palette sehen kann. Daneben stehen **zwei Wasserbehälter**, einer für sauberes und einer

Außerdem braucht man noch einen **Bleistift 2B** zum Vorzeichnen, diverse **weiche Grafitstifte** für die Tonwertschattierungen, sowie einen weichen und einen festen **Radiergummi**.

Tipp: Nachhaltiger ist es natürlich, statt Papiertüchern, Schwämmchen und Mallappen aus alter Baumwoll-Kleidung zu verwenden. Probiere aus, was für dich funktioniert.

Meine Palette:
- Chinacridongold
- Kadmiumgelb
- Jaune Brillant
- Lasurorange
- Siena natur
- Siena gebrannt
- Caput Mortuum
- Sepia
- Kadmiumrot
- Alizarin-Karmesin
- Gelbgrün
- Grünoliv
- Französisch Ultramarin
- Coelinblau (z.B. von Windsor & Newton oder Sennelier; ähnlich Kobaltcoelin von Schmincke)
- Preußischblau
- Kobalttürkis
- Neutraltinte
- Titanweiß

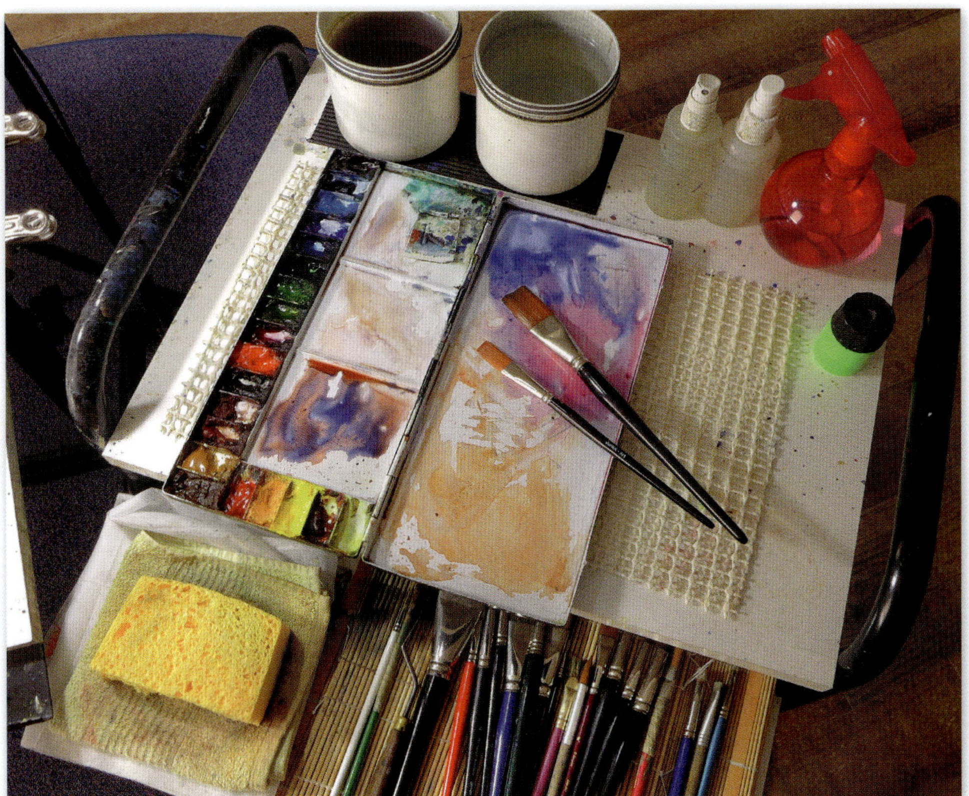

Die kleine Aquarell-Wolkenkunde

Es gibt so viele Formen von Wolken und wahrscheinlich genauso viele Arten, sie zu malen. Daher sollte man sich vorher etwas mit den vielen Möglichkeiten vertraut machen. Wenn du neu in der Aquarellmalerei bist, ist es ratsam, die folgenden kleinen Himmelübungen zu machen, bevor du schwierigere Kompositionen in Angriff nimmst. Beobachte den Himmel und studiere die Wolkenformen, ihre Farbe, ihre Größe und ihre Strukturen.
Wie auch die echten Wolken, haben Aquarellwolken ein Eigenleben und ziehen oft schneller, als wir es wünschen. Lasse dich nicht entmutigen, wenn es nicht nach Plan läuft. Versuche immer, auf das einzugehen, was gerade auf deinem Blatt Papier passiert. Bleibe flexibel und habe Spaß. Versuche, dem Fluss deiner eigenen Wolken zu folgen, anstatt dich an einer vorgegebenen Form eines Wolkenfotos festzubeißen. Ist es nichts geworden, probiere es gleich noch einmal. Denn mit jedem Versuch lernst du dazu.

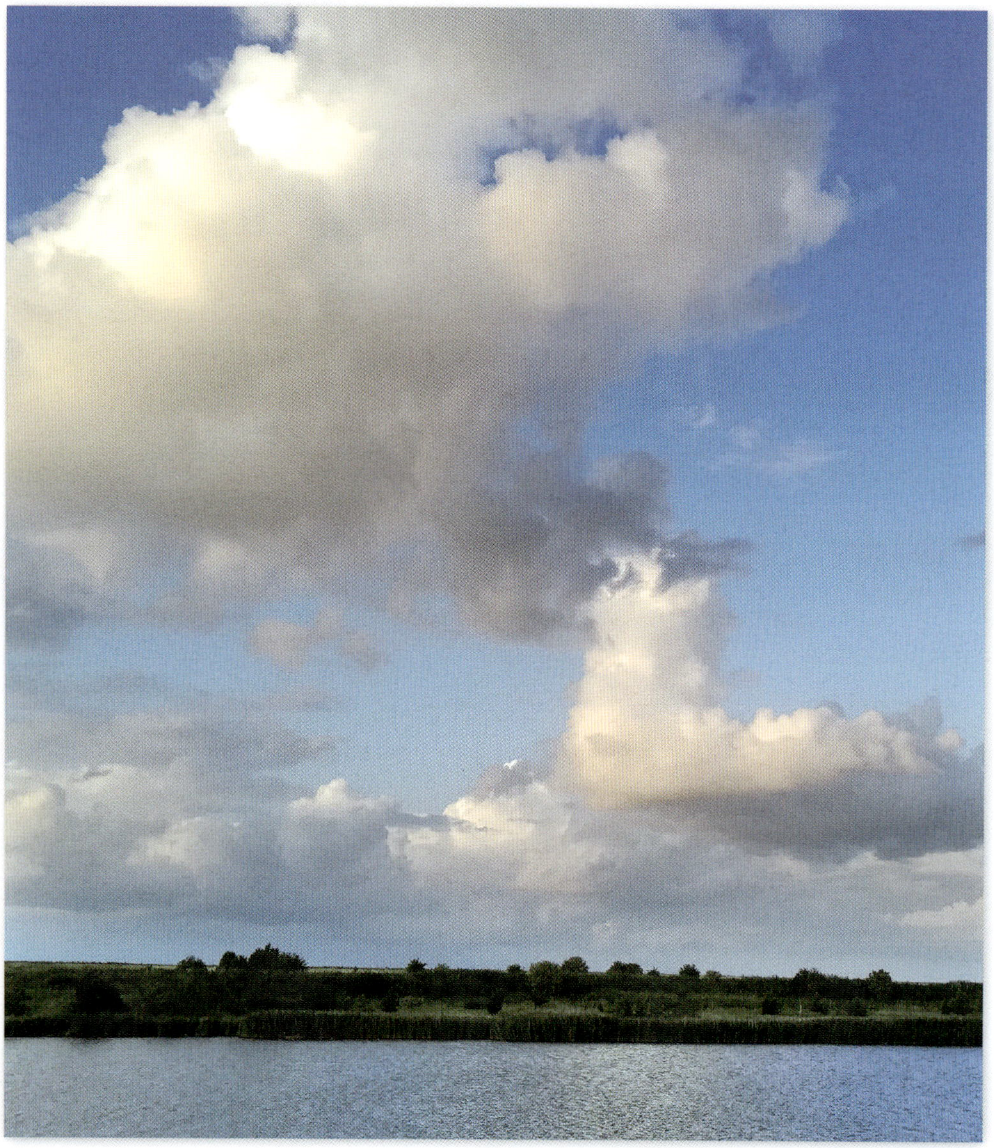

Grundregel: Wenn es hier eine Regel gibt, dann diese: Schnell rein in den Himmel und schnell wieder raus!
Nicht zögern, sondern die Sache mutig angehen. Werden Himmel zu sehr übermalt, verlieren sie die Leichtigkeit des Aquarells.

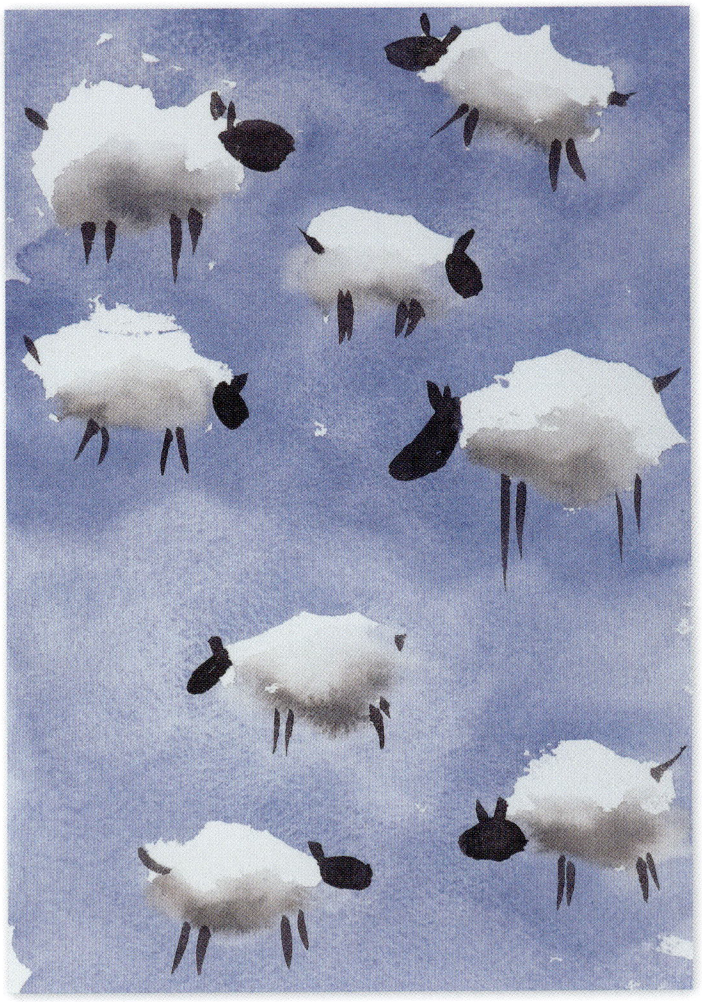

Schäfchenwolken sind an sich schön anzusehen, wenn sie über den Himmel ziehen, aber alle diese Wolken sehen unterschiedlich aus. Das Schäfchenwolken-Symbol kennen wir bereits aus der Kindheit und um nicht Gefahr zu laufen, jede Wolke gleich zu malen, müssen wir die Wolken gut designen. Sie unterscheiden sich in **Form**, **Größe** und **Beschaffenheit/Struktur** (harte oder weiche Ränder), sie haben verschiedene **Abstände** zueinander, sind heller oder dunkler (**Tonwerte**) oder unterscheiden sich in der **Farbe**. Auch die **Richtung**, in der die Wolken ziehen, kannst du beeinflussen. Und je weiter die Wolken in die Ferne ziehen, umso kleiner werden sie.

Die fett gesetzte Wörter sind **Design-Elemente**, die uns immer wieder bei der Komposition begegnen. Präge sie dir gut ein.

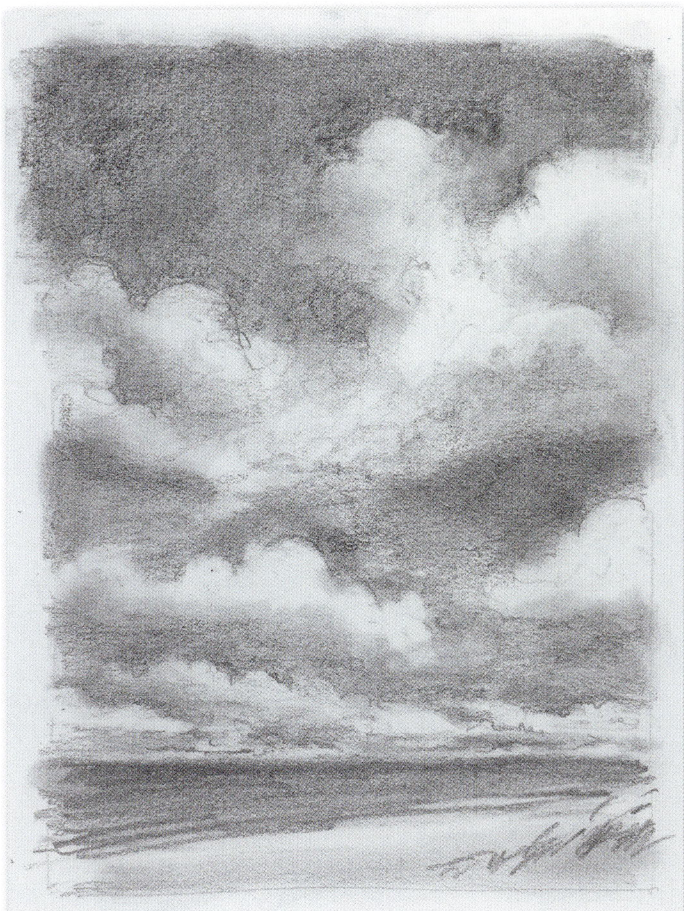

Besonders wenn du noch nicht sehr erfahren bist in der Aquarellmalerei, ist es schwierig, an alle Punkte gleichzeitig zu denken. Da Schönwetterwolken meist weiß oder hellgrau sind, müssen wir sie als negative Formen stehen lassen und sie durch den Himmel, der sie umgibt, definieren. Das ist etwas Denkarbeit und sollte vor dem Aquarell stattfinden. Beim Malen musst du dich auf die Farbe und die richtige Menge Wasser konzentrieren. Das ist viel einfacher, wenn du dich vorher bei der Tonwertskizze mit dem Motiv auseinander gesetzt hast und weißt, was wohin soll. Ich selbst mache diese mit weichen Grafitstiften in Postkartengröße auf Zeichenpapier. Denke daran: Das Weiß im Aquarell ist immer das unberührte Papier!

Auf feuchtem Papier: Grundsätzlich gibt es zwei Möglichkeiten, den Himmel anzulegen: Entweder feuchtet man das Papier vorher an oder bringt die Farbe direkt auf das trockene Papier. Beide Techniken haben ihren Charme. Bei Studie 1 wurde das Papier vorher angefeuchtet und die pastose Farbe, also unverdünnt und direkt aus der Tube, mit einem fast trockenen Pinsel auf das Papier gemalt. Der Pinsel holt sich die Feuchtigkeit vom Papier. Das Ergebnis sind weiche Konturen und ein fluffiger Wolken-Effekt. Mache das Papier aber nicht zu feucht, sonst schwimmen die Wolken davon.

Dunkle Wolken auf feuchtem Papier: Dunklere Wolken zu malen ist in der Regel einfacher, weil man sich nicht so sehr darauf konzentrieren muss, die Formen negativ stehen zu lassen. Die Formen der Wolken zu variieren ist hier aber genauso wichtig.
Feuchte das Papier an, grundiere die Fläche mit leichtem Coelinblau oder Französisch Ultramarin und mische dann eine pastose Wolkenfarbe aus Französisch Ultramarin und Siena gebrannt. Der Pinsel muss beim Auftrag in den feuchten Himmel trockener sein als die Bildfläche!

Auf trockenem Papier: In Studie 2 werden die Wolken auf das trockene Papier gemalt. Hierzu braucht man mehr Wasser im Pinsel, um den Himmel mit den Wolken zu verbinden. Male zunächst den blauen Himmel zwischen den Wolken und setze dann einen Schatten unter die Wolken. Harte Kanten werden mit einem leicht feuchten Pinsel angelöst.
Beide Studien sind jeweils mit nur zwei Farben gemalt: Französisch Ultramarin und Siena gebrannt. Das Malen von Wolken bedarf einiger Übung, probiere es also ruhig häufiger hintereinander.

Dunkle Wolken auf Grundierung und trockenem Papier: Lege eine abgestufte Grundierung aus Siena gebrannt und Coelinblau an und lasse den Auftrag ganz trocknen. Mische dann auf der Palette eine Pfütze aus Französisch Ultramarin und Siena gebrannt. Lieber zu viel Farbe anmischen als zu wenig! Nachmischen kostet wertvolle Sekunden. Nun kannst du mutig die Wolken in den Himmel pinseln, oben größer, unten kleiner. Bevor diese trocknen, löse sie an manchen Stellen mit sauberem Wasser an oder lasse sie ineinanderlaufen.

Licht durch Gelbtöne: Mit etwas Gelb bringt man noch mehr Licht in den Himmel. Man kann den Himmel komplett anfeuchten oder nur partiell, wie im Beispiel. Lege ein paar Flecken Siena natur in den Himmel und füge sogleich Französisch Ultramarin in die Lücken ein. Vermeide ein Übereinanderlegen der Farben oder ein Ineinanderlaufen, sonst verbinden sich die beiden Farben zu Grüntönen. Versuche, die Flächen gleichmäßig feucht zu halten, um weiche Übergänge zu erreichen und Rückläufe der Farben zu vermeiden.

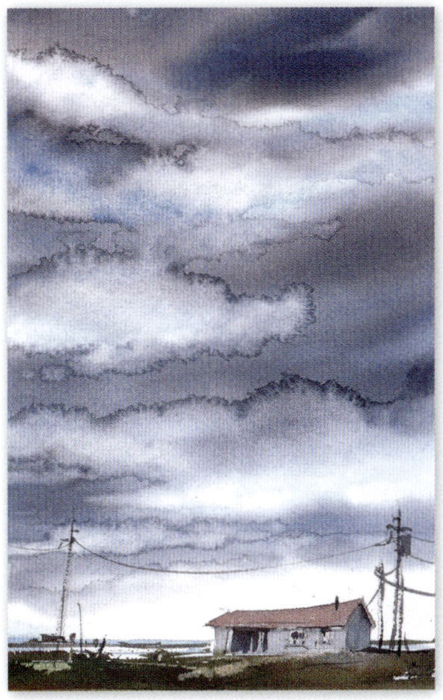

Mit Farbrückläufen spielen: Wenn du Aquarell-Neuling bist, wirst du wahrscheinlich ungewollt erst einmal einige dieser Rückläufe produzieren. Das ist ganz normal. Man kann diese aber auch bewusst steuern. Rückläufe entstehen, wenn dein Pinsel feuchter ist als das Papier. Lege eine Fläche mit dunkler Farbe an und warte, bis der Glanz vom Papier verschwindet, das Papier aber noch feucht ist. Lasse nun mal mehr, mal weniger Wasser in die Fläche laufen und spiele mit den Rückläufen auf dem Papier.

Nachträglich auswischen: Es ist auch möglich, Wolken mit einem feuchten (jedoch nicht nassen!) Pinsel aus der feuchten Grundierung zu nehmen oder diese vorsichtig mit einem weichen Papiertuch herauszuwischen. Gerade für Schleierwolken ist das eine gute Technik. Dabei ist es wichtig, dass der Untergrund dunkel genug ist, um die helleren Wolken sichtbar zu machen. Das Papier darf allerdings nicht zu nass sein, sonst läuft die Farbe wieder zurück in die ausgewischten Stellen und bildet harte Ränder.

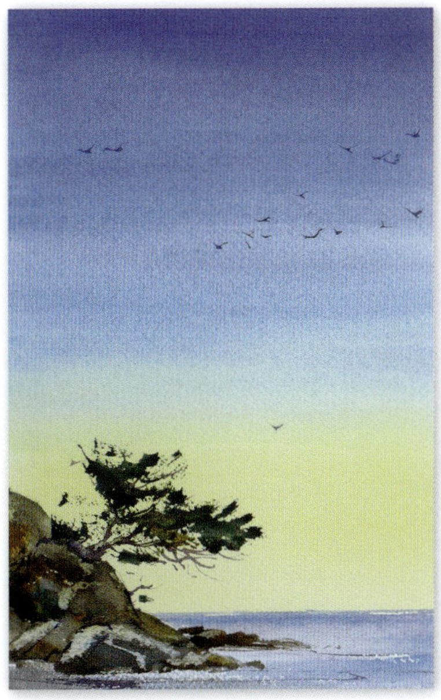

Sanfte, abgestufte Verläufe: Feuchte das Papier gleichmäßig an. Dann ziehe mit einem großen Flachpinsel Siena natur in den unteren Teil des Himmels. Danach folgen ein paar Pinselstriche Coelinblau und nach oben hin kommt Französisch Ultramarin hinzu. Schwinge den Pinsel dabei gleichmäßig parallel zum Horizont. Wenn es Striche gibt, arbeitest du zu trocken, wenn die Farbe davon schwimmt, ist das Papier zu feucht. Beim Aquarell kommt es sehr auf die Erfahrung an, wie nass und wie trocken das Papier jeweils ist. Probiere diese Übung auch mit anderen Farben aus.

Wie viel Himmel braucht das Bild?

Bevor es an das Aquarell geht, sind immer einige Entscheidungen zu fällen. Welche Art Himmel passt zu welchem Bild? Was möchte ich mit dem Bild aussagen? Eine fröhliche oder eher eine dramatische Stimmung? Soll es eine Jahreszeit ausdrücken, warm oder eher kalt sein?
Tonwertskizzen sind sehr hilfreich bei der Planung der Komposition und dem Fällen der wichtigsten Entscheidungen. An der Skizze sieht man sofort, ob diese Entscheidungen zu einem guten Bildaufbau führen oder ob Veränderungen erforderlich sind.
Alle der drei folgenden Varianten wurden mit denselben Farben gemalt und sind ansprechende Kompositionen. Durch das unterschiedliche Verhältnis von Vordergrund und Himmel haben sie aber jeweils eine andere Stimmung und Bildaussage.

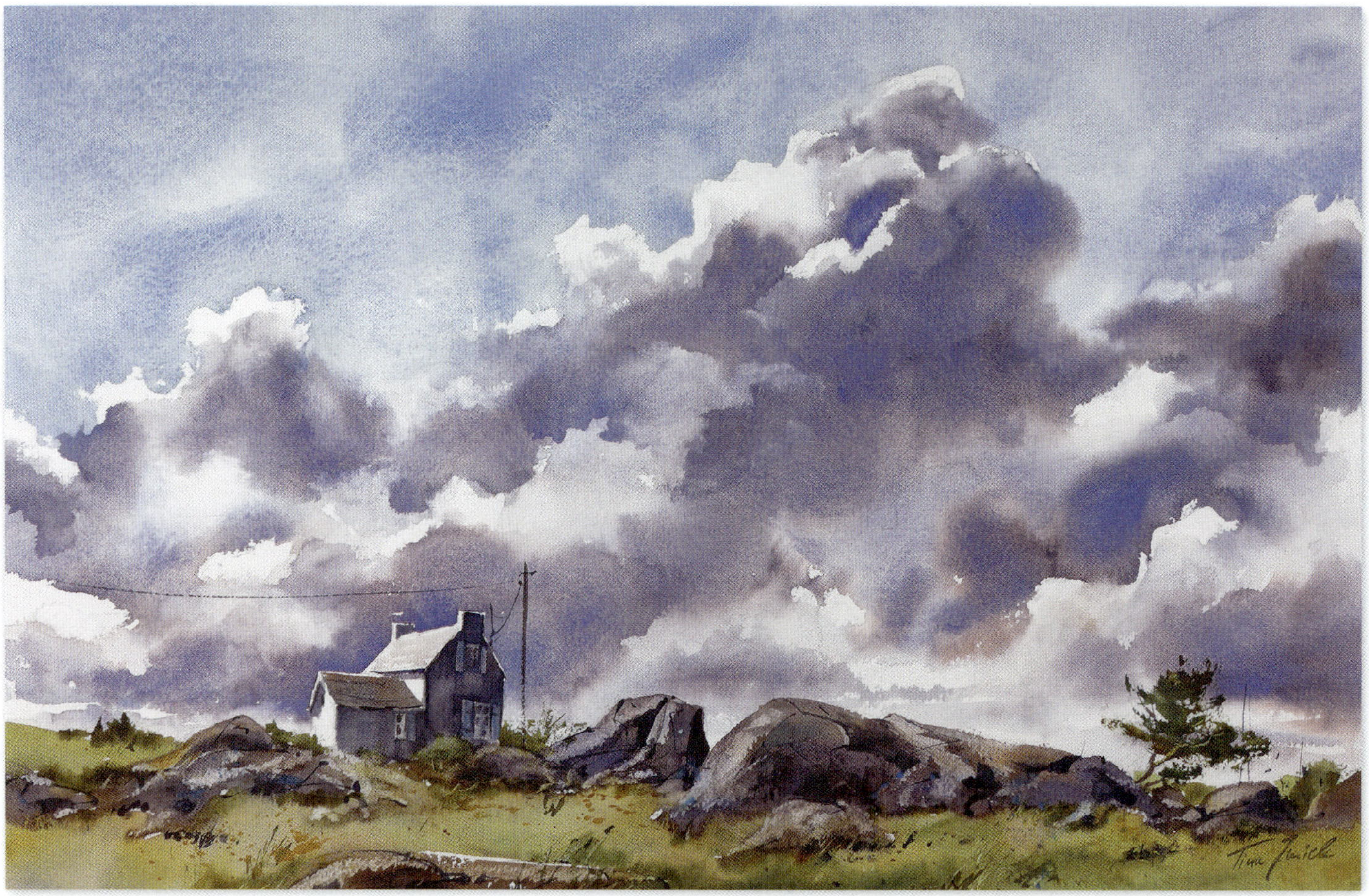

Ist der Himmel der Hauptdarsteller, dann braucht er viel Raum im Bild, und der Horizont befindet sich eher im unteren Drittel des Bildes. Es ist gut, sich hierbei an der ⅓-⅔-Regel zu orientieren. Der Himmel sollte nicht eine gleich große Fläche einnehmen wie der Vordergrund. Hat einer der beiden die Dominanz, wird die Komposition interessanter.

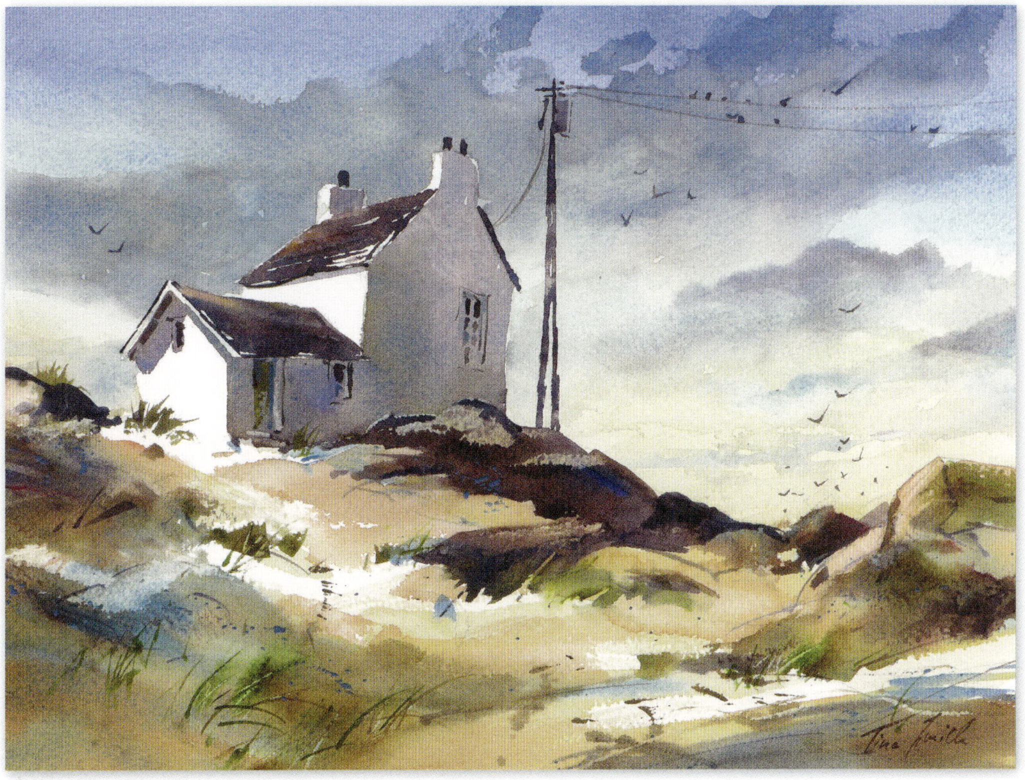

Hier sind die Flächenanteile von Himmel und Vordergrund fast gleich. Es liegt mehr Gewicht auf dem Haus. Der Himmel tritt in den Hintergrund und obwohl er interessante Wolken zeigt, spielt er nun nicht mehr die Hauptrolle. Du bist der Regisseur in deinem Bild und entscheidest, wer welche Rolle spielt. Im Aquarell sollten diese Entscheidungen vor Malbeginn gefällt werden, da Korrekturen nur bedingt möglich sind.

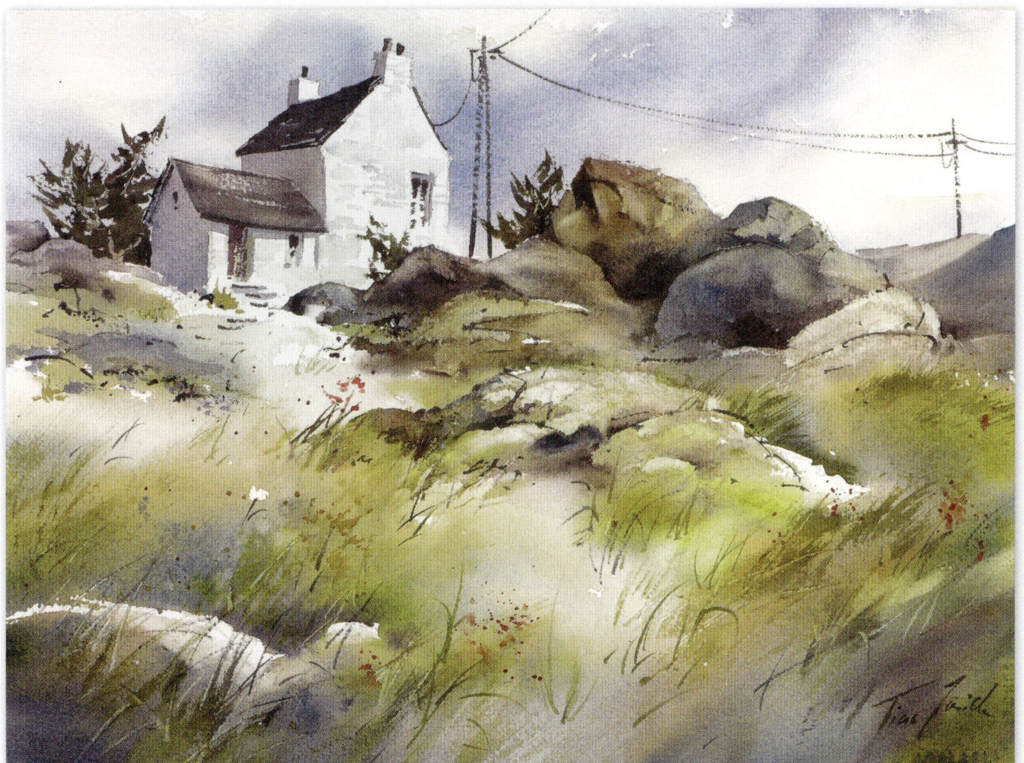

Bei der dritten Umsetzung des gleichen Motivs nimmt der Vordergrund die meiste Fläche ein und zieht dadurch die Aufmerksamkeit des Betrachters auf sich. Der Himmel wird kaum wahrgenommen, fügt sich aber durch die Farbharmonie gut in die Komposition ein. Das ist wichtig für die Stimmigkeit, auch wenn der Himmelanteil noch so gering ist.

Tipp: Plane wie die Schildkröte und dann male wie der Hase!

Himmel und Wolken im Bild

Fischerhütte Sottomarina/Italien

Du brauchst:

Aquarellpapier Arches Feinkorn, 300 g/m²

Aquarellfarben in
- Französisch Ultramarin
- Coelinblau
- Kobalttürkis
- Siena gebrannt
- Siena natur
- Chinacridongold
- Alizarin-Karmesin

Pinsel s. S. 8

Malspachtel

Leichte fluffige Wolken eignen sich am besten, um einen schönen Sommertag darzustellen. Dabei sollte der Himmel nicht zu dunkel und die weißen Wolken ausgespart werden. Die große Wolke links dient gleichzeitig als Balance zur Form des Hauses rechts. In diesem Bild hat der Himmel viel Raum bekommen, um die Weite des Meeres noch zu unterstreichen.

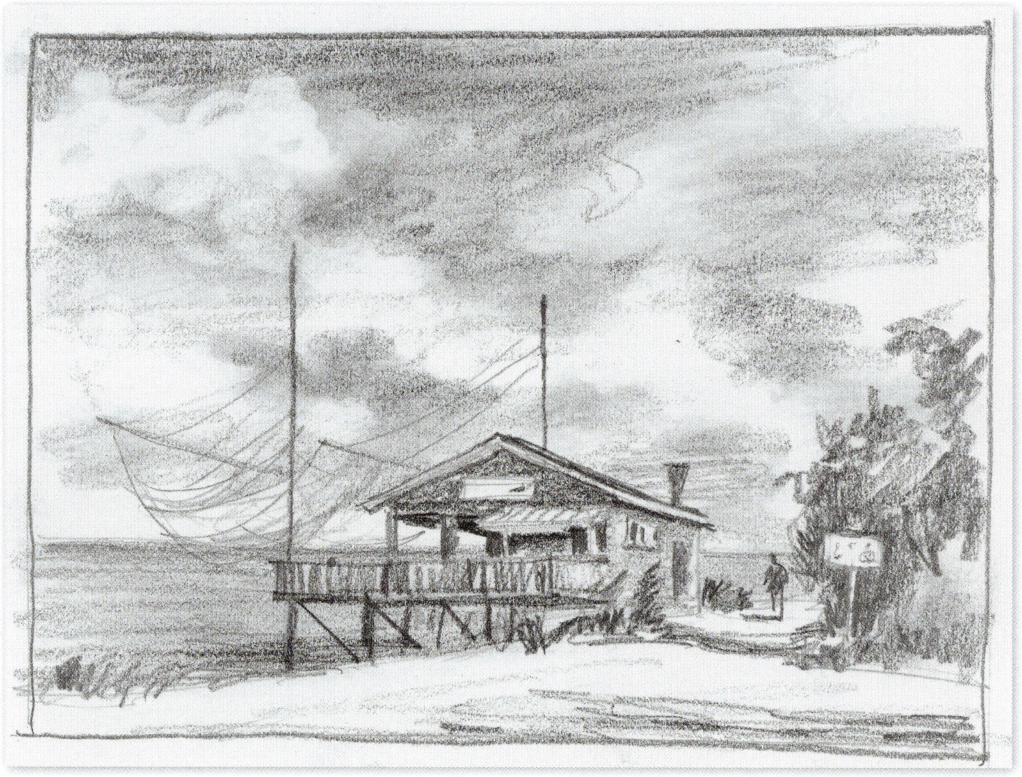

1. Schritt
Fertige zunächst eine Tonwertskizze an, um dir die Komposition bewusst zu machen. Das Licht kommt von rechts hinten und die linke Seite der Hütte ist in der Sonne. Der Baum rechts sowie der Spaziergänger werfen einen Schatten nach links. Ein Vordergrundschatten bringt zusätzlich Lebendigkeit ins Bild.

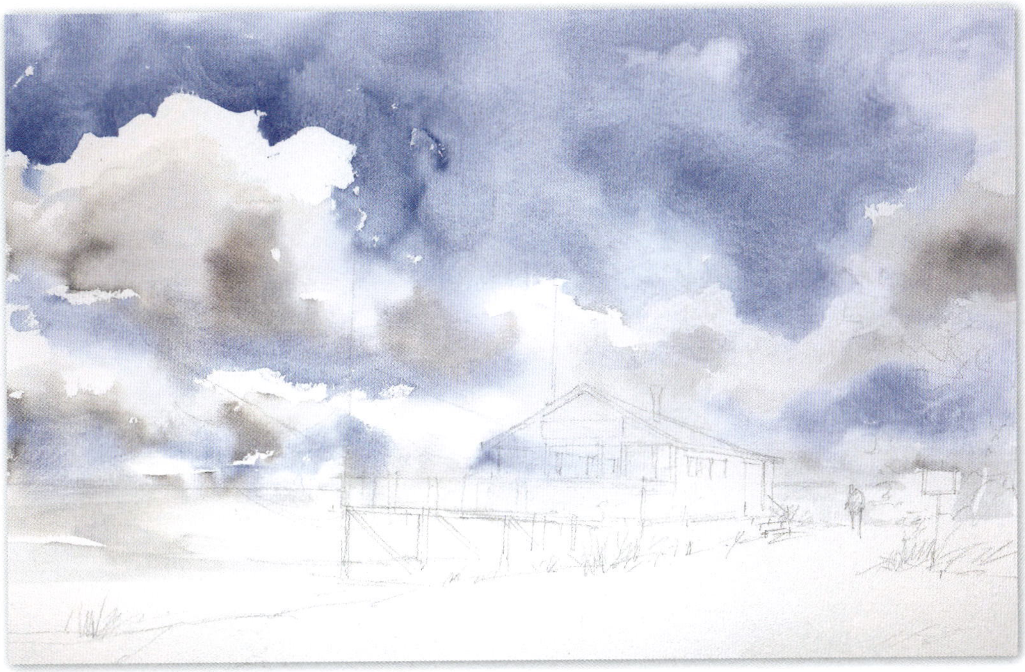

2. Schritt

Bereite zwei Farben auf deiner Palette vor: das Blau für den Himmel aus Französisch Ultramarin und Coelinblau und das Grau der Wolken aus dem Blauton für den Himmel, Siena gebrannt und einem Hauch von Alizarin-Karmesin. Wenn du den Himmel etwas mit klarem Wasser anfeuchtest, hast du ein paar Sekunden mehr Zeit zum Malen. Forme mit dem Blau des Himmels die weißen Wolken und lege umgehend das Grau unter die weißen Wolken. Versuche, unter den Wolken einen weichen Übergang zum Himmel zu schaffen.

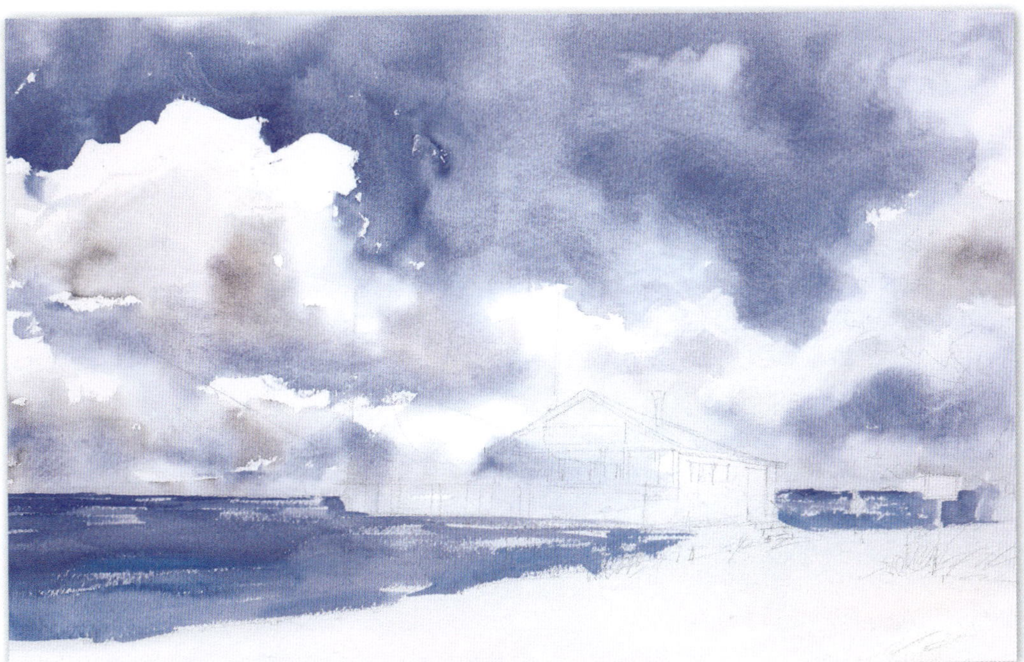

3. Schritt

Wenn der Himmel trocken ist, wird das Meer gemalt und dabei die Hütte und die Figur ausgespart. Auch das weiße Schild wird ausgespart. Der Pinsel sollte hierbei eher trocken sein. Dadurch ergibt sich schon durch die Körnung des Papiers die Gischt der kleinen Wellen. Verwende das gleiche Blau wie im Himmel, um eine Farbharmonie im Bild zu erzielen. Ein bis zwei Striche Türkis dürfen auch sein. Bitte achte darauf, dass der Horizont links und rechts der Hütte auf der gleichen Höhe sitzt!

4. Schritt
Mische nun für das Grün Französisch Ultramarin mit Chinacridongold in verschiedenen Verhältnissen. Je mehr du die Farben auf dem Papier ineinanderlaufen lässt, desto lebendiger wird das Grün. Ein paar Kratzer mit der Malspachtel im noch feuchten Papier deuten die Stämme und Gräser an. Dem Mann darfst du gern auch eine andersfarbige Jacke anziehen. Die Farbe des Hauses ist Siena natur, das Dach Französisch Ultramarin und Siena gebrannt. In die Tür und die Fenster etwas Türkis pinseln.

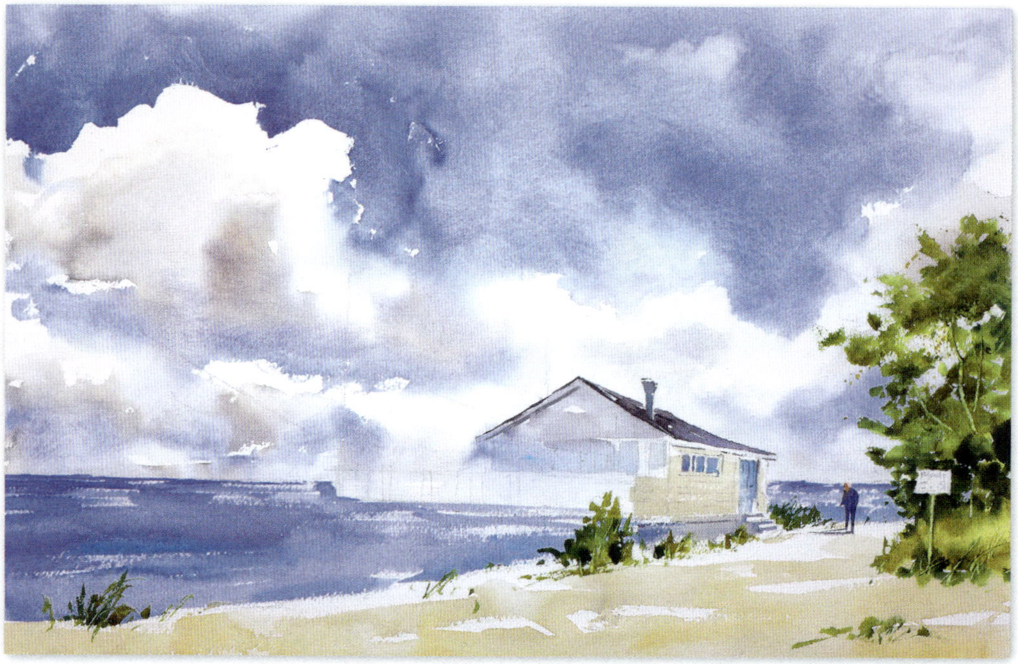

5. Schritt
Male nun die rechte Seite der Hütte mit einer dunkleren Mischung aus Siena gebrannt und Französisch Ultramarin. Auch hier dürfen ein paar Striche Türkis das Braun brechen. Für die schmalen Stäbe der Halterung und die Seile des Netzes eignet sich am besten der Schlepperpinsel. Den Effekt des Netzes erzielst du, indem du einen fast trockenen Pinsel parallel über das raue Papier ziehst. Am besten erst auf einem extra Blatt mit gleicher Papierkörnung ausprobieren.

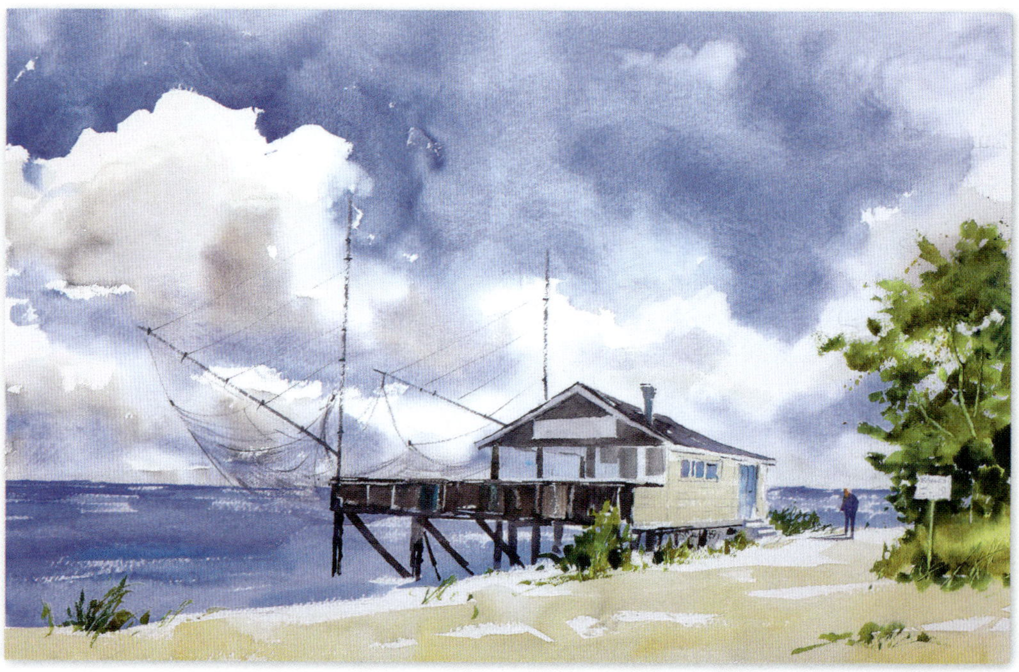

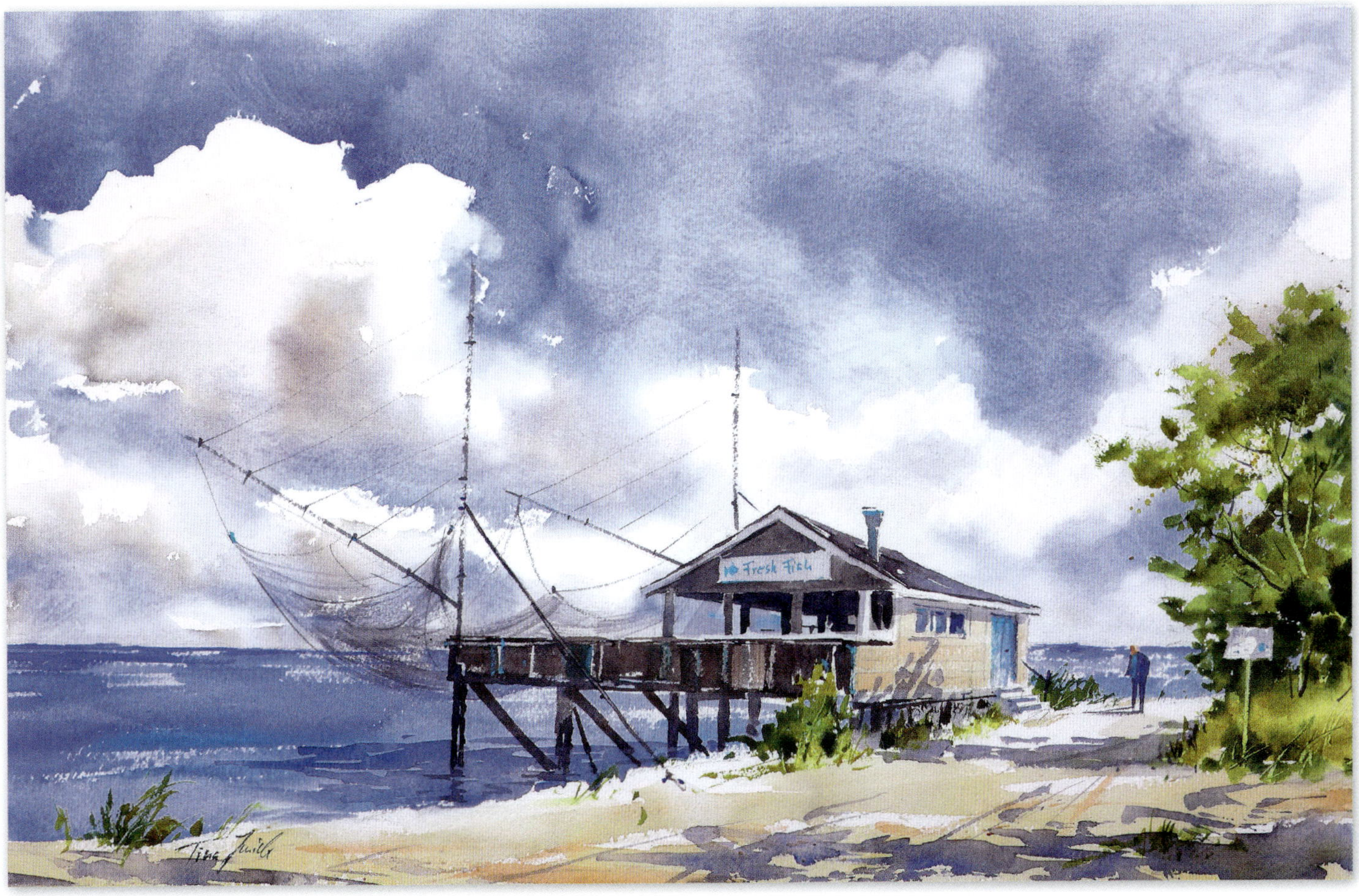

Fertiges Bild

Zum Schluss legst du die Schatten ins Bild. Auch hier ist wieder das Blau des Himmels im Spiel, gemischt mit Siena gebrannt und Alizarin-Karmesin. Achte darauf, dass die Schatten in die gleiche Richtung fallen. Die Hütte wirft einen Schatten auf das Wasser und dieser sollte nicht zu steif gemalt werden, da das Wasser in Bewegung ist.

Die gleiche Farbe, nur mit mehr Pigment und weniger Wasser, beschreibt den Innenraum der Fischerhütte. Der kleine Schriftzug in Türkis rundet die Sache ab.

Tipp: Eine Wiederholung der Farbe des Himmels im Wasser gewährleistet eine Farbharmonie in der Komposition. Treffen Himmel und Meer aufeinander, sollte das eine heller und das andere dunkler sein, bei mindestens ⅔ des Horizontes. ⅓ kann das Auge des Betrachters ergänzen.

Leuchtturm Sylt

Du brauchst:

Aquarellpapier Arches Grobkorn, 300 g/m²

Aquarellfarben in
- Französisch Ultramarin
- Kadmiumrot
- Chinacridongold
- Titanweiß

Pinsel s. S. 8

Malspachtel

Würde man für diesen einfachen Leuchtturm einen einfarbigen Himmel wählen, wäre die Komposition eher langweilig. Die große Wolke und das dunkle Wasser geben dem Leuchtturm ein gutes Gegengewicht. Wenn der Himmel hinter einem Objekt verschwindet, in diesem Fall dem Turm, sollte er auf der anderen Seite erst einmal in der gleichen Farbe und Tonwertigkeit weitergehen, bevor man einen Wechsel vollzieht.

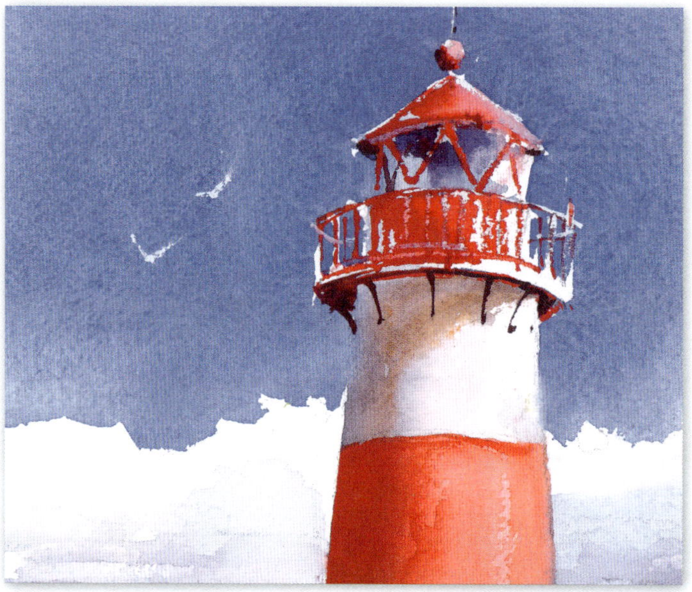

Detail 1
Die weiße Wolke zieht hinter dem roten Streifen des Leuchtturms vorbei und gibt dem Turm so mehr Kontrast. Durch die Reling und den Glasaufbau sieht man den Himmel hindurch. Die beiden Möwen und ein paar Striche der Reling sind zum Schluss mit Titanweiß aufgesetzt.

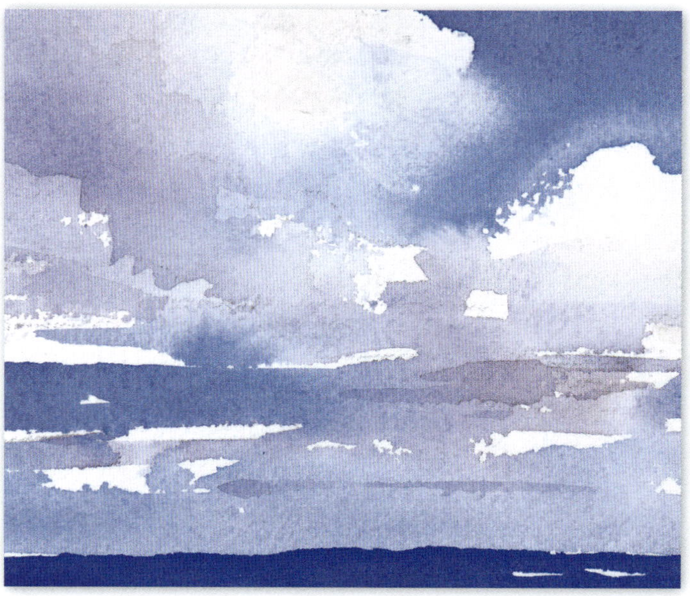

Detail 2
Die Schattenfarbe der Wolken setzt sich aus dem Blau des Himmels und dem Rot des Leuchtturms zusammen. Der Schatten des Turms hat die gleiche Farbe wie die Wolken. Die kleineren hinteren Wolken sind hier nur mit fast horizontalen Strichen angedeutet. Weiche und harte Wolkenränder wechseln sich ab.

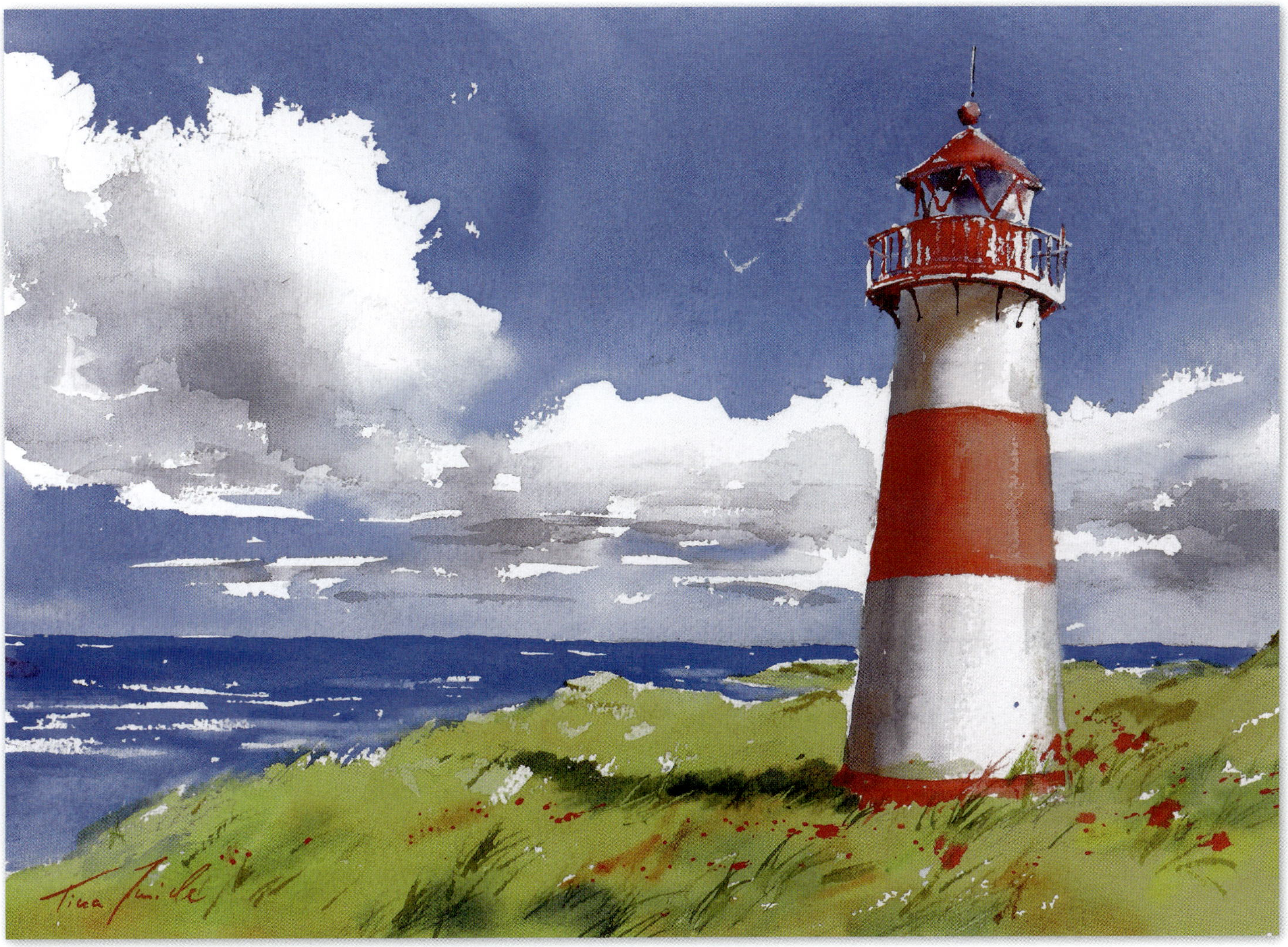

Vorgehensweise

Mit viel Wasser und Farbe wurde der blaue Himmel aquarelliert und damit die weißen Formen der Wolken herausgearbeitet. Auch der Turm wurde dabei ausgespart. Bevor das Blau getrocknet war, durfte die Schattenfarbe unter die Wolken fließen. Hier und da wurde ein wenig mit klarem Wasser nachgeholfen.
Dann wurde die Wiese mit Chinacridongold, ein bisschen Rot und Ultramarin angelegt. Auch der Schatten des Turms entstand hier bereits. Die hellen Gräser wurden mit dem Spachtel ins feuchte Papier gekratzt. Nachdem die Wiese trocken war, kamen noch ein paar dunklere Grashalme und die roten Spritzer dazu. Das Meer bildet den Horizont im unteren Drittel der Komposition und bringt durch den dunkleren Tonwert die Wiese zum Leuchten. Zuletzt folgen die Details am Turm.

Tipp: Bei transparenten Objekten, wie hier bei der Kuppel des Leuchtturms, kann man den Himmel durch das Glas hindurchsehen.

Boote am Strand

Du brauchst:

Aquarellpapier Arches Grobkorn, 300 g/m²

Aquarellfarben in
- Siena natur
- Siena gebrannt
- Französisch Ultramarin
- Neutraltinte
- Grünoliv
- Kobalttürkis
- Coelinblau

Pinsel s. S. 8

Malspachtel

Sprühflasche

Der Himmel wird diesem Motiv die Stimmung geben. Er kann heller oder dunkler sein, harte und weiche Formen haben, aber er sollte nicht zu wild werden und den Booten die Show stehlen. Er ist nur „Nebendarsteller" und seine Aufgabe ist es, die Boote gut in Szene zu setzen. Es soll ein sonniger Tag werden und somit ist besonders viel Licht im Himmel eine gute Wahl.
Es passiert ab und zu, dass man den Himmel zu hell anlegt. Zu Beginn hat man nur das weiße Papier vor sich und keine weiteren Tonwerte, nach denen man sich richten könnte. Noch dazu trocknet das Aquarell immer heller auf. Das ist nicht so schlimm, wie du in Schritt 3 sehen kannst.

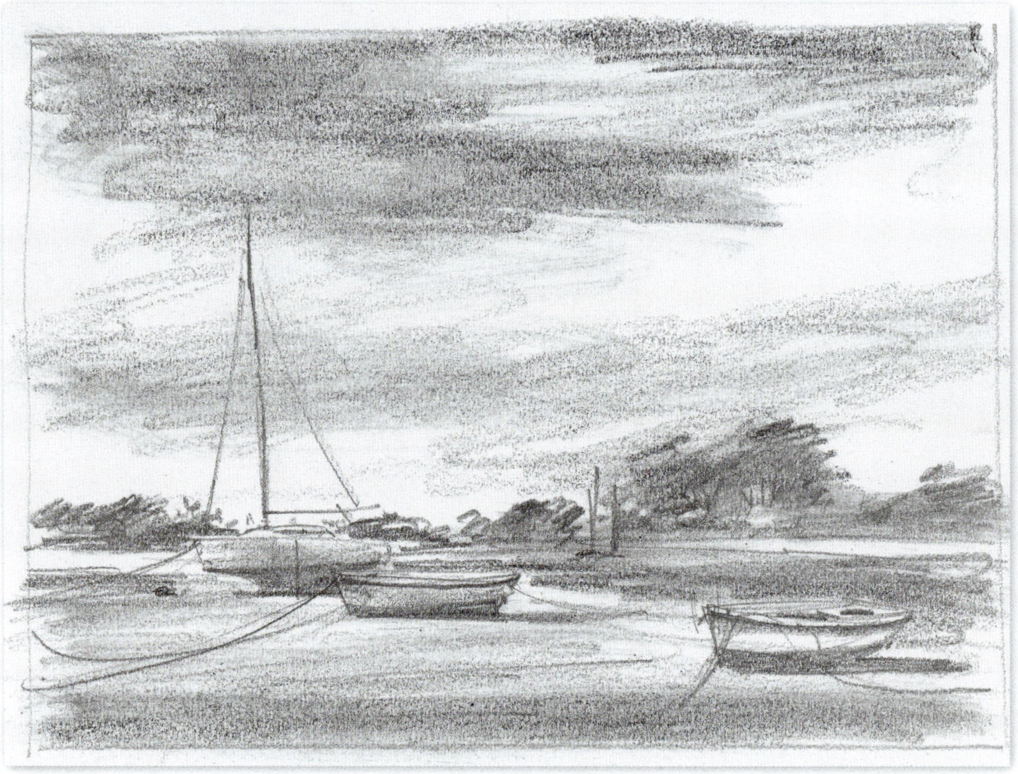

1. Schritt

Entscheide vorher in der Tonwertskizze, welches Boot wo liegen soll, um eine ansprechende Bildaufteilung zu schaffen. Der Himmel nimmt etwas mehr Platz ein als der Vordergrund. Horizontal ziehende Wolken verstärken die Ruhe im Bild. Der Mast des großen Bootes, die beiden kleinen im Hintergrund, sowie die Bäume bringen Spannung ins Bild.

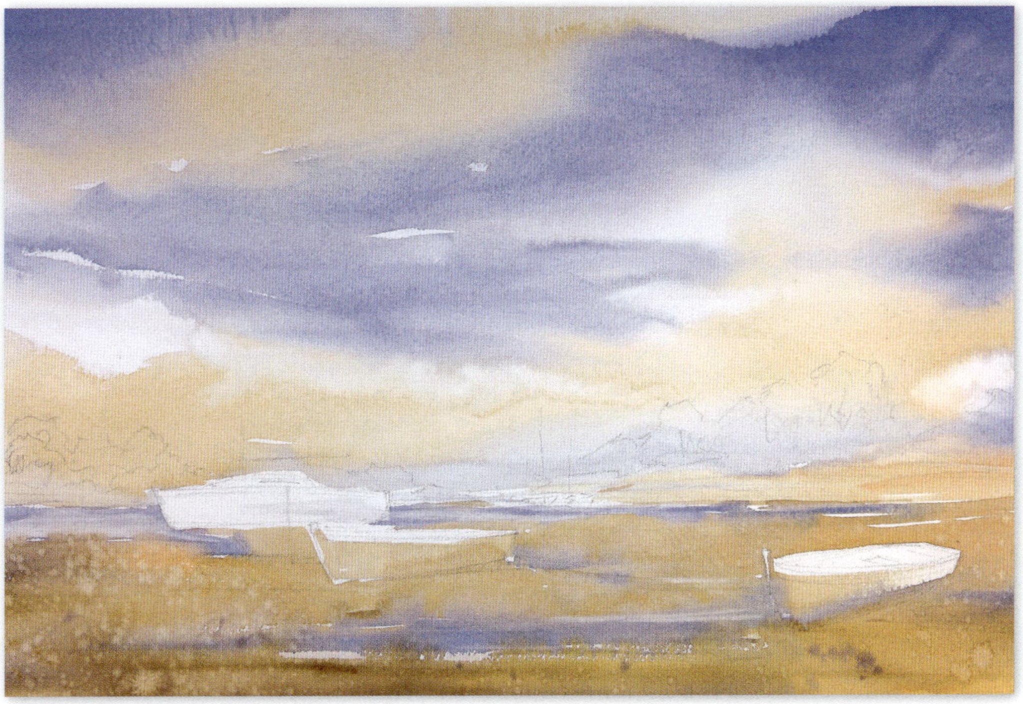

2. Schritt
Feuchte das Papier an und lege dann mit Siena natur helle Streifen in den Himmel. Dazwischen kommt Französisch Ultramarin, etwas abgetönt mit Neutraltinte. Wiederhole die gleichen Farben als Grundierung für den Strand. Achte dabei darauf, die Farben nebeneinander zu setzen und nicht übereinander, sonst laufen sie zu Grau ineinander. Gib dann noch ein paar klare Wasserspritzer in den feuchten Vordergrund, um die Fläche zu brechen. Vorsicht, nicht in den Himmel spritzen!

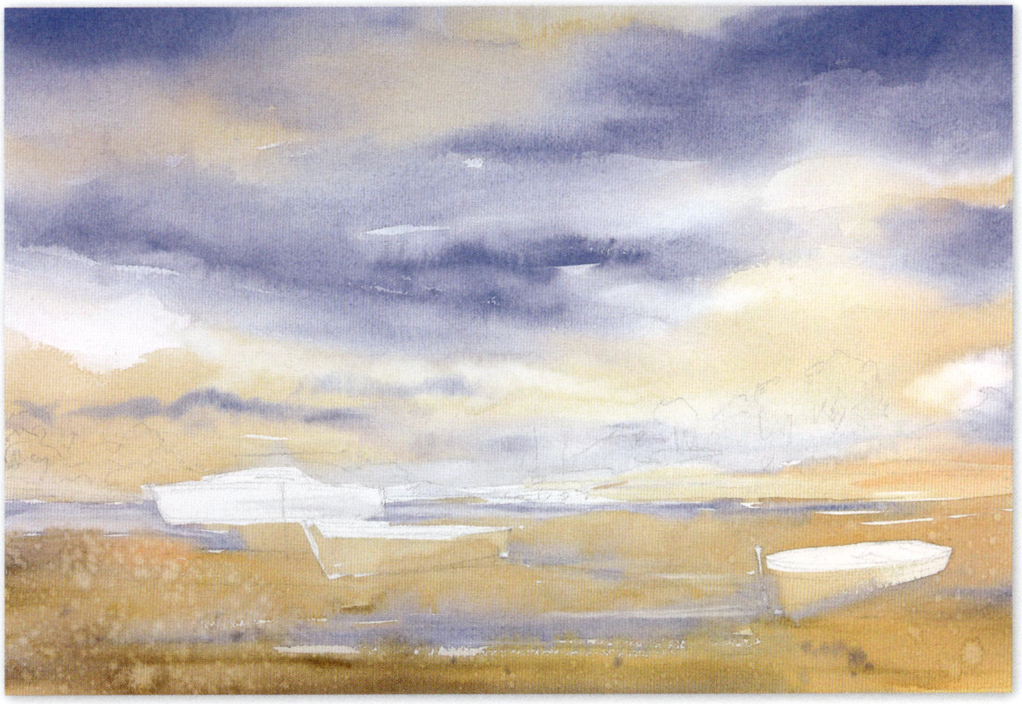

3. Schritt
Wenn dein Himmel schon richtig gut geworden ist, kannst du Schritt 3 überspringen. Sollte er zu hell geworden sein, dann gehe nochmal mutig mit etwas mehr Farbe darüber. Wenn die erste Lasur komplett getrocknet ist, kann man das Papier erneut anfeuchten und hier und da noch mit dunklerer Farbe nacharbeiten. Allerdings muss man sehr zügig arbeiten, damit es keine Striche gibt. Rückläufe, wie hier im Bild, machen sich oft ganz gut. Da ist dein eigener Geschmack gefragt.

4. Schritt

Male als Nächstes die dunkle Baumreihe, die den Strand begrenzt. Für das Andeuten der Baumstämme genügen ein paar Kratzer mit der Malspachtel, die du nur im unteren Bereich der Bäume setzt. Wiederhole das Grün auch gleich im Vordergrund. Eine Mischung aus Siena natur und Siena gebrannt grenzt die Wasserkante hinter dem großen Boot ab. Und eines der kleinen Boote hinten bekommt den gleichen Farbanstrich.

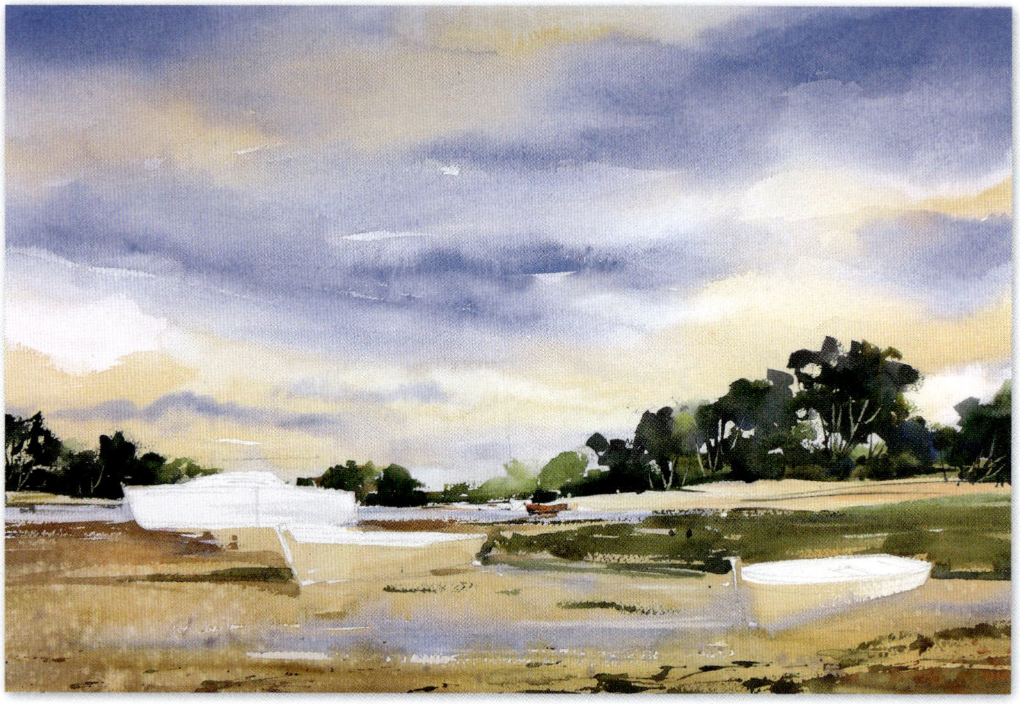

5. Schritt

Das große Boot wird im oberen Teil mit Coelinblau (du kannst natürlich auch etwas Peppigeres nehmen, wie Orange) und im Kiel mit Neutraltinte gemalt. Die beiden anderen Boote bekommen einen Schatten in einer dünnen Lasur mit Neutraltinte; der Kiel wird jeweils in der gleichen, aber weniger verdünnten Farbe gemalt. Die Streifen am Boot können wieder variiert werden und müssen nicht blau sein. Der Wurfschatten und der Innenraum der Boote, sowie das kleine Boot hinten werden ebenfalls mit Neutraltinte gemalt.

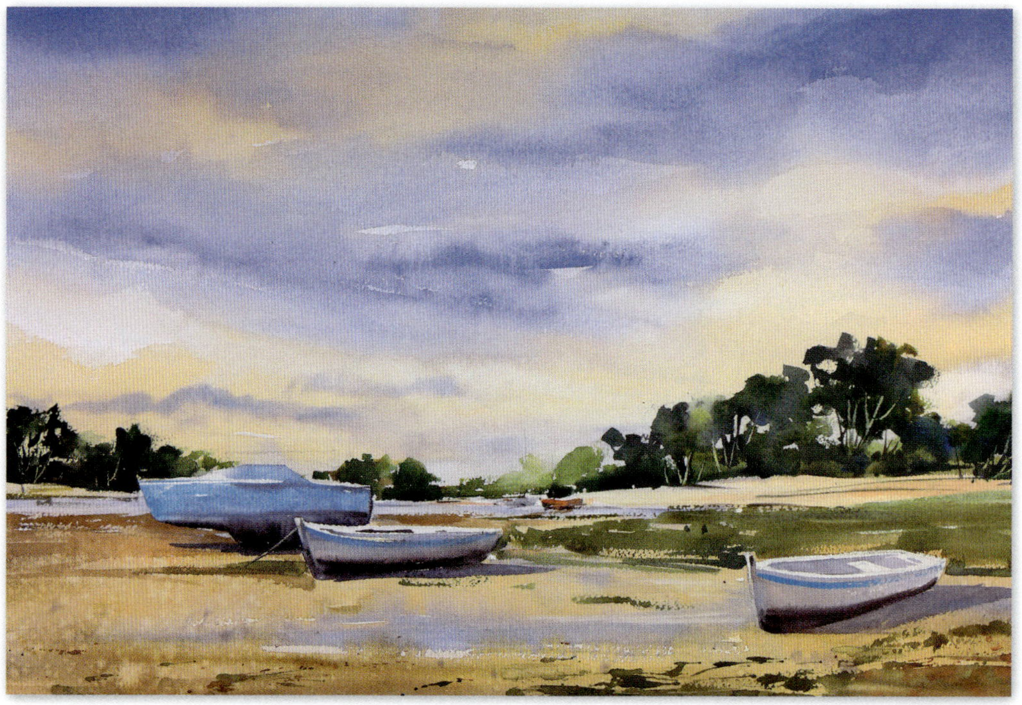

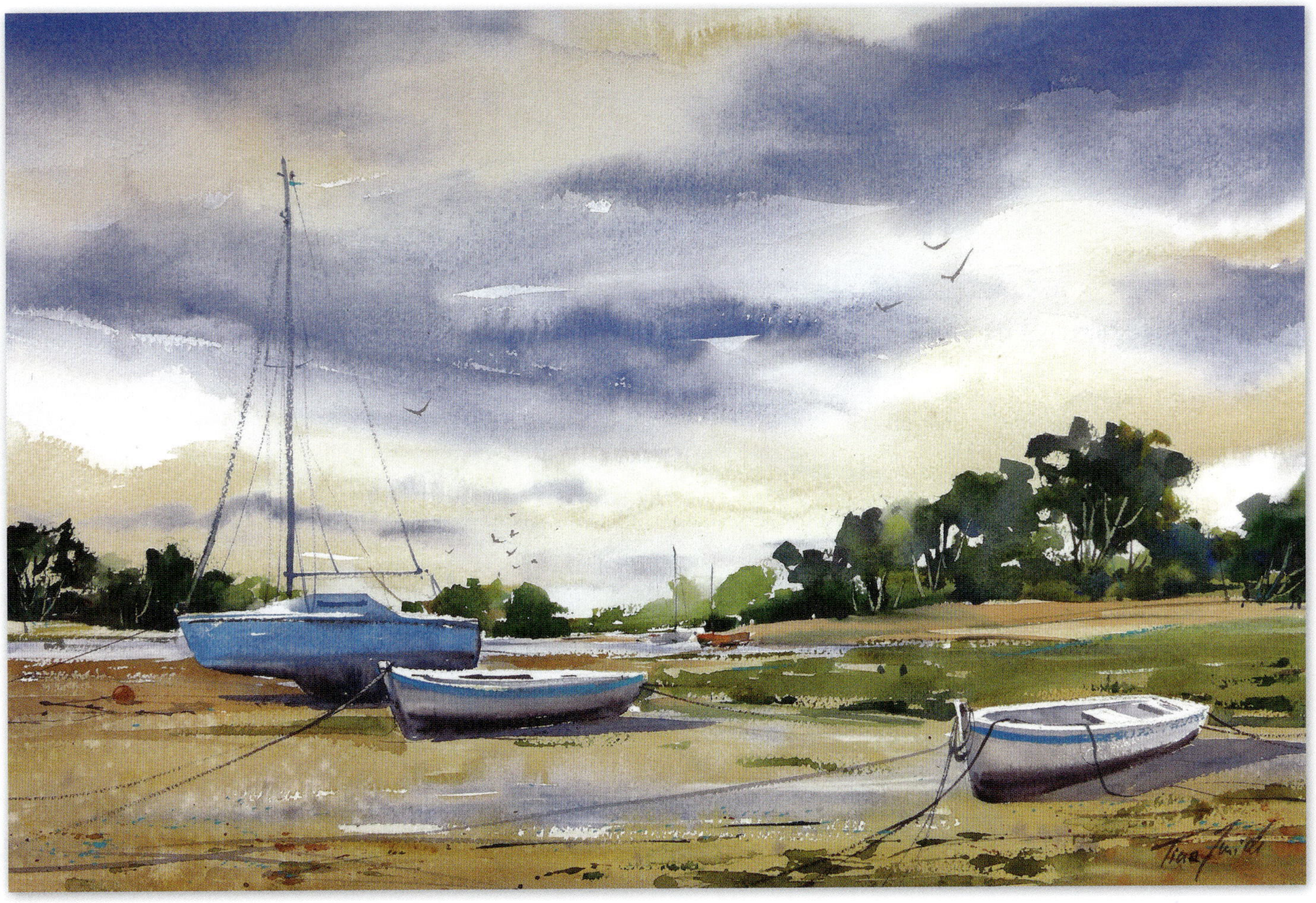

Fertiges Bild

Fast fertig! Es fehlt nur noch etwas Dekoration. Ziehe mit dem Schlepper den Mast, die Takelage und die Seile ins Bild. Tue das möglichst in einem flotten Strich aus dem Handgelenk, ohne die Hand aufzulegen. Ich drehe dabei das Brett so, dass ich als Rechtshänder locker meinen Strich von links nach rechts ziehen kann. Einigen fällt es leichter, diesen von oben nach unten oder umgekehrt zu ziehen. „Schwinge“ dich vorher auf einem separaten Blatt Papier ein und male den Mast erst, wenn sich der Strich relativ sicher anfühlt. Eventuell noch eine Boje in den Sand legen und mit ein paar Spritzern Muscheln oder Steinchen andeuten. Man muss ja nicht alles verraten, der Betrachter darf sich auch seinen Teil dazu denken. An der Küste fliegen immer einmal wieder Möwen ins Bild.

Tipp: Wenn die Bäume dunkler werden, ziehe den Himmel immer bis zum Horizont hinunter und male dann die Bäume darüber. So vermeidest du hässliche Ränder um die Bäume und man sieht den Himmel durch die Lücken zwischen dem Laub.

Leuchtturm Bibione

Du brauchst:

Aquarellpapier Arches Grobkorn, 300 g/m²

Aquarellfarben in
- Siena gebrannt
- Coelinblau
- Französisch Ultramarin
- Kadmiumrot
- Chinacridongold

Pinsel s. S. 8

Malspachtel

Manchmal müssen wir den Himmel nach unserem Motiv ausrichten. Weiße Leuchttürme z.B. werden auf der Bildfläche nur sichtbar, wenn der Hintergrund dunkler ist. In diesem Bild befinden sich drei Farben im Himmel. Sie machen ihn leuchtend und geben ihm einen Tonwert, der kräftig genug ist, um den Turm und die angrenzenden Bauten zum Strahlen zu bringen.

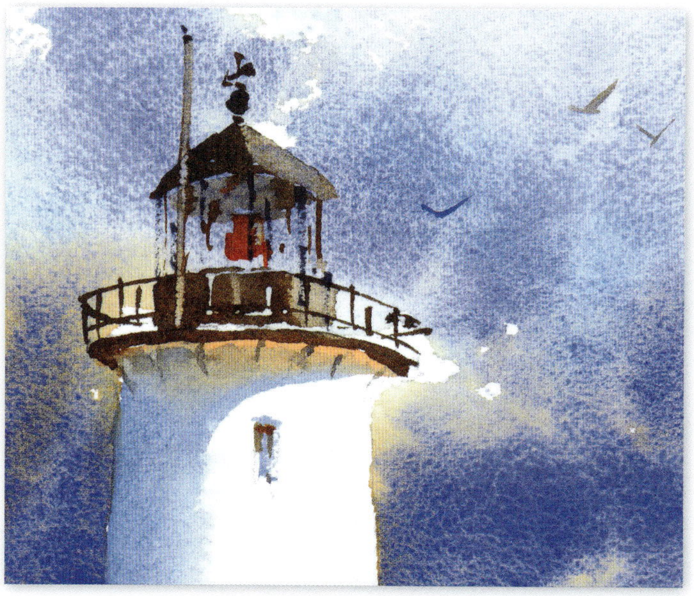

Detail 1

Der weiße Turm muss natürlich ausgespart werden. Wird die Kuppel dunkler, kann man den Himmel einfach durchlaufen lassen und den Aufbau anschließend darüber malen. Man sieht im Detail auch gut die granulierende Eigenschaft von Französisch Ultramarin.

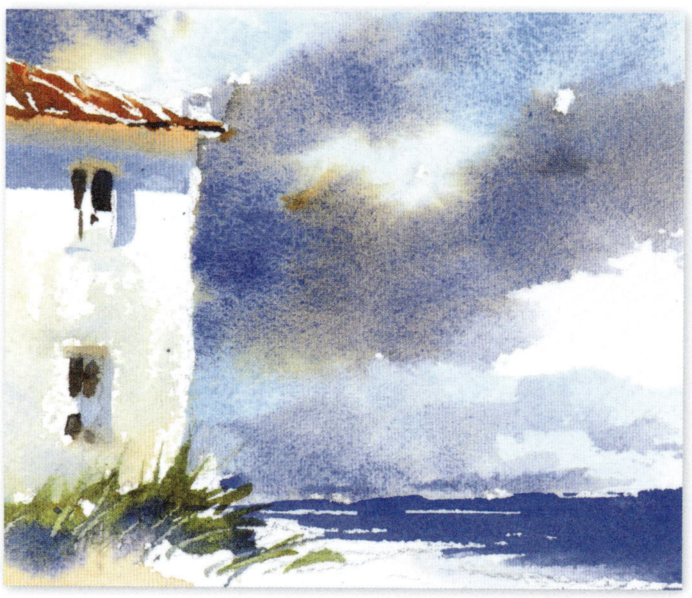

Detail 2

Um sozusagen „das Licht anzuschalten", setzt man die Helligkeiten im Himmel gegen ein dunkleres Objekt (hier das Dach). Entsprechend wird wiederum die Dunkelheit im Himmel gegen ein helleres Objekt gesetzt, wie hier die Sonnenseite des Hauses. Das Meer setzt sich dann wieder dunkler gegen den hellen Himmel ab und bildet so den Horizont.

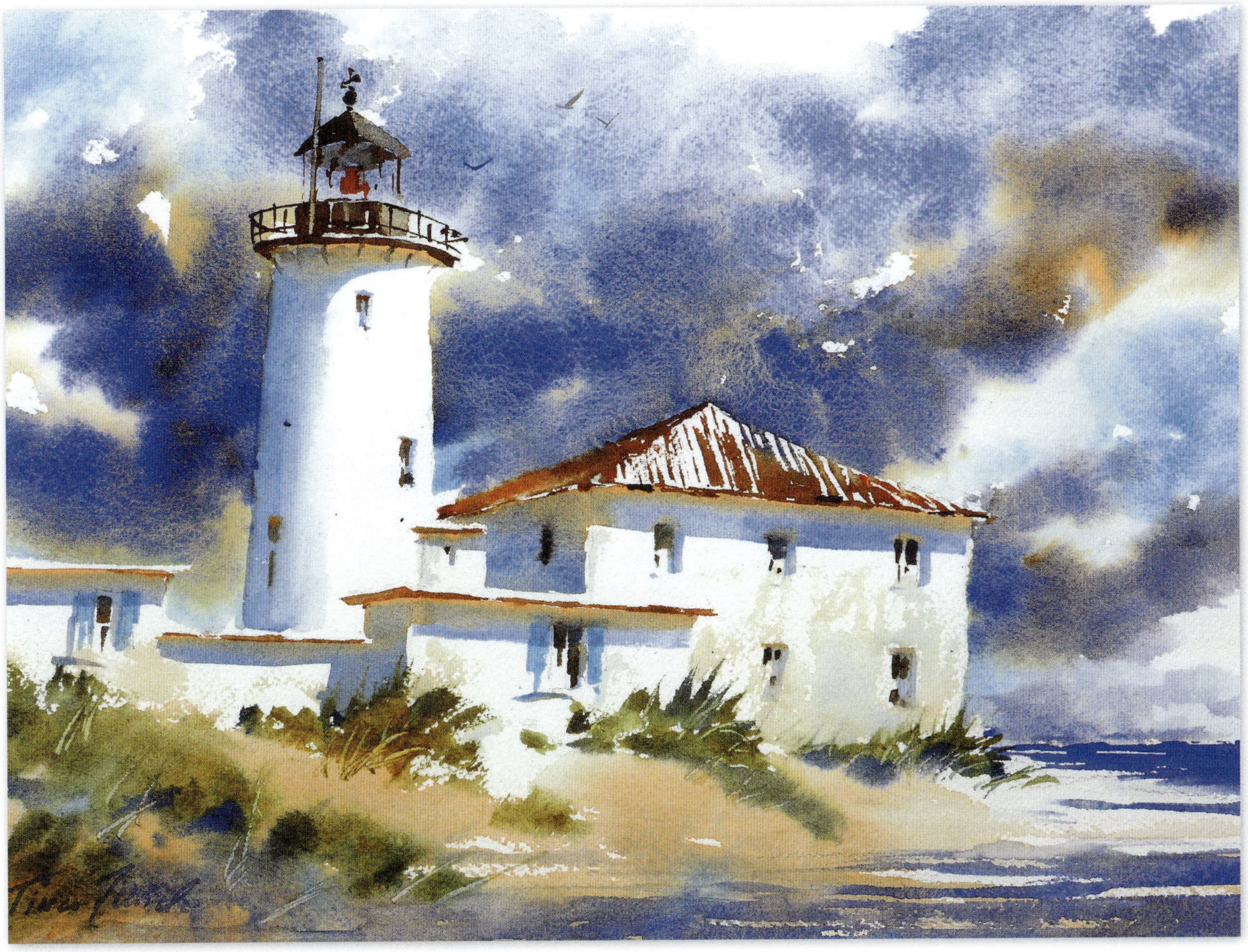

Vorgehensweise

Zunächst wurden die einzelnen Farben auf der Palette vorbereitet. Dann wurde ein wenig mit viel Wasser gemischtes Siena gebrannt in den Himmel gelegt. Anschließend folgten Coelinblau und sofort darauf Französisch Ultramarin, damit die Farben auf dem Papier ineinanderlaufen können. Will man hier einen Rücklauf der Farben vermeiden, gilt es darauf zu achten, die Flächen gleichmäßig feucht zu halten. Natürlich könnte man die ganze Fläche vorher anfeuchten, aber dann ist es nicht möglich, auch harte Ränder in die Wolken zu bekommen. Beim Malen des Himmels wurden gleichzeitig der Turm und die Gebäude geformt. Die gleichen Farben finden sich im Vordergrund wieder. Für das Grün kam noch Chinacridongold dazu. Nachdem der Himmel getrocknet war, wurde das Meer in Französisch Ultramarin angelegt und mit einigen Pinselstrichen nach vorne an den Strand gezogen. Die Schatten wurden ebenfalls aus der Himmelfarbe gemischt, auch die dunklen Details. Das Dach entstand mit Siena gebrannt.

Der Bauer hat heute frei

Du brauchst:

Aquarellpapier Arches Feinkorn, 300 g/m²

Aquarellfarben in
- Siena natur
- Siena gebrannt
- Chinacridongold
- Coelinblau
- Französisch Ultramarin

Pinsel s. S. 8

Malspachtel

Das Gelb im Himmel macht dieses Bild besonders sommerlich. Siena natur ist ein warmer Gelbton, der nicht gleich extrem grün wird, falls das Blau doch einmal hineinlaufen sollte. Wählt man ein kaltes Gelb, wie z.B. Zitronengelb, dann wirkt der Himmel schnell zu kalt. Für ein Winterbild wäre das eine Option, aber für eine Sommerstimmung ist Siena natur besser geeignet.
Wichtig ist, das Gelb und das Blau möglichst gar nicht ineinander laufen zu lassen, sondern nebeneinander zu platzieren. Hier ist zügiges Arbeiten nötig, damit die eine Farbe nicht vor der anderen trocknet.

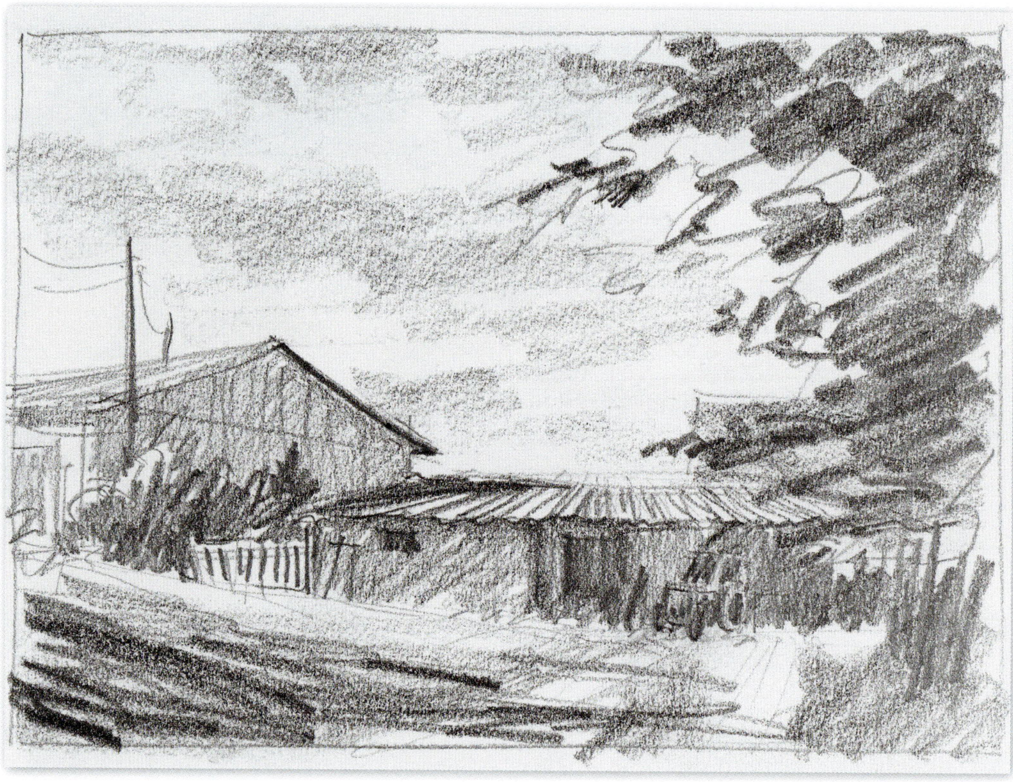

1. Schritt
Lange, geschlossene Gebäude sind oft langweilig und man tut gut daran, ihnen Fenster oder Türen zu geben. Bei der lang gezogenen Scheune bietet sich ein großes Tor oder ein Überstand an. Der Traktor bildet einen schönen Fokuspunkt. Der Weg leitet den Betrachter direkt dorthin. Achte auf die Perspektive der Rillen im Dach. Sie sind mittig auf der Scheune gerade und werden nach links und rechts immer flacher, etwa wie ein Fächer.

2. Schritt

Mische etwas Siena natur mit ganz viel Wasser an und lege es zügig mit einem großen Pinsel in ein paar Flecken auf das Papier. Es darf nicht trocknen, bevor du das Blau dazugibst. Male dann sofort das Französisch Ultramarin dazwischen, sodass sich die beiden Farbflecken hier und da berühren und es einen weichen Übergang gibt. Siena natur wird auch gleich unten in der Wiese und im Busch wiederholt. Verwende Siena gebrannt für die Scheune links und das Dach rechts.

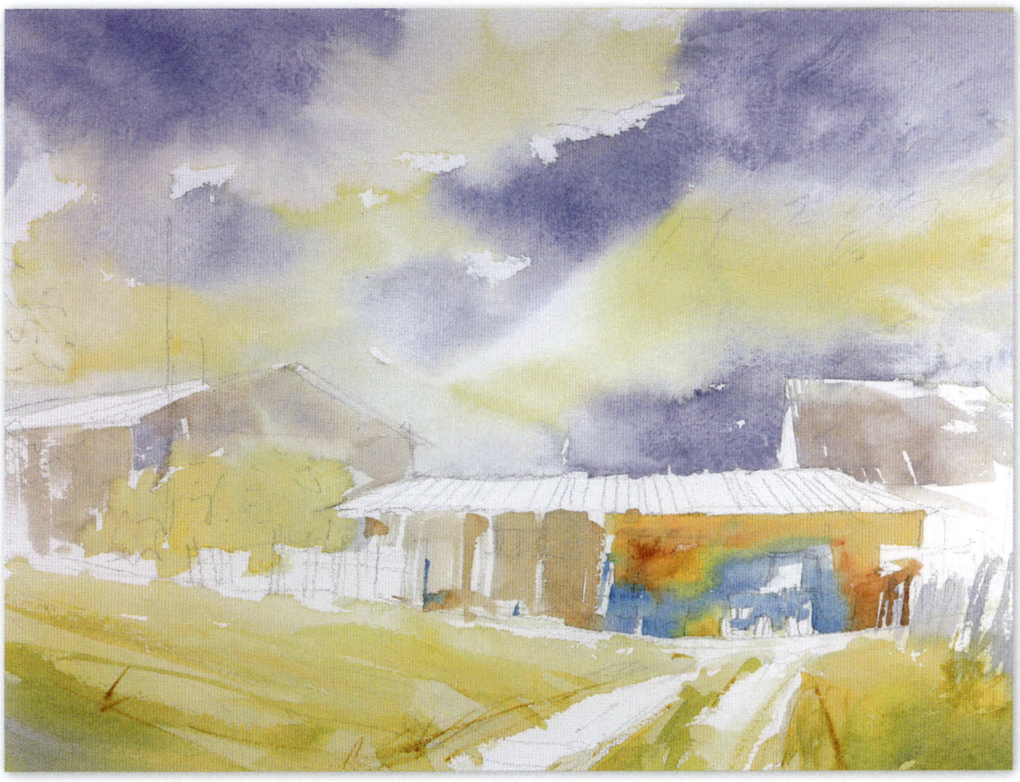

3. Schritt

Die lange Scheune bekommt auch etwas Siena gebrannt. Du kannst ein paar Bretter andeuten, das macht es interessanter. Der Überstand wird mit Siena gebrannt und Chinacridongold grundiert. Für den Traktor lässt du Coelinblau hineinlaufen. Der Traktor wird erst beim nächsten Schritt erscheinen, wenn es in die Dunkelheiten geht. Male in diesem Stadium mit Chinacridongold und Französisch Ultramarin nur etwas Struktur in die Wiese, denn es folgt später noch der Schatten – sonst wird es zu viel.

4. Schritt

Wenn du das Grün für die Bäume aus Chinacridongold, Siena natur und Französisch Ultramarin mischst, lasse jeweils ein Pigment davon dominieren, um die Grünmischung lebendig zu halten. Variiere bei jedem zweiten Pinselstrich die Farbe etwas. Beim Zaun rechts malst du die dunklen Zwischenräume und nicht den Zaun selbst. Kratze dann ein paar Äste mit der Malspachtel in die noch feuchte Farbe. Wenn du Blätter vor die lange Scheune hängen lassen möchtest, male diese sehr hell.

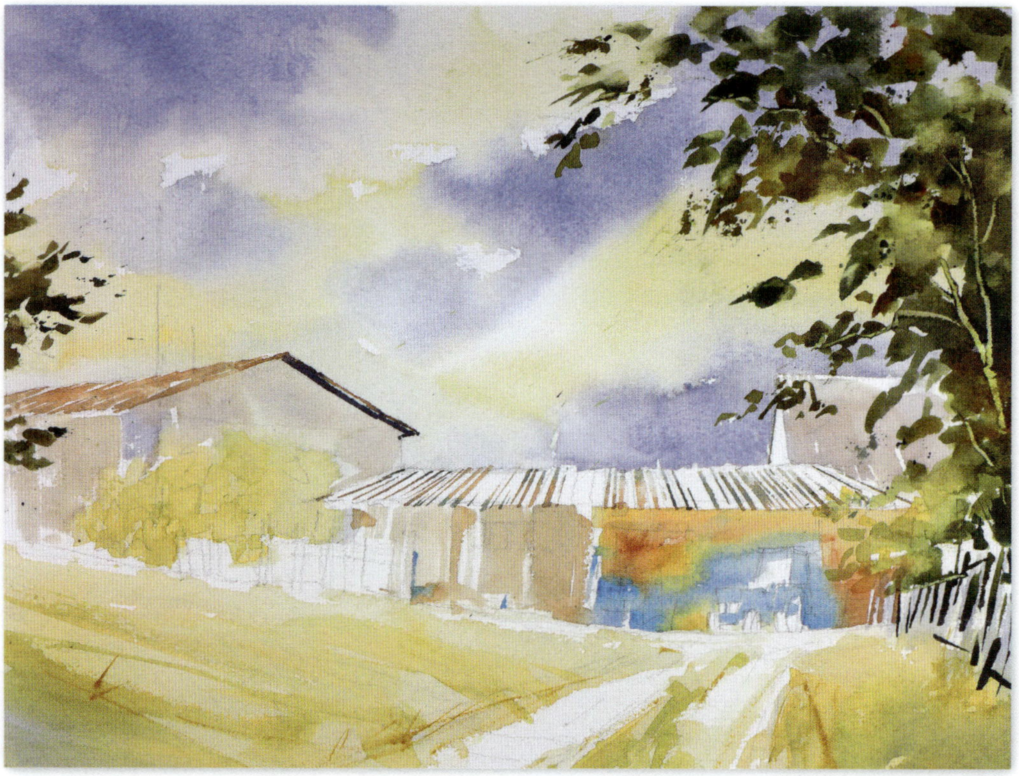

5. Schritt

Der Busch links entsteht mit dem gleichen Grün, wobei du hier auch wieder nur die dunklen Zwischenräume des Zaunes malst. So entsteht ein negativer, heller Zaun. Lege dann mit einer Mischung aus Siena gebrannt und Französisch Ultramarin einen Schatten auf die große Scheunenseite hinter dem Busch und ziehe diesen ein Stück über das Dach der langen Scheune und in deren Vorderseite. Spare den Zaun wieder aus. Arbeite nun mit einer kräftigeren Mischung der gleichen Farben den Traktor, etwas Gerümpel und die hellen Blätter als negative Formen heraus.

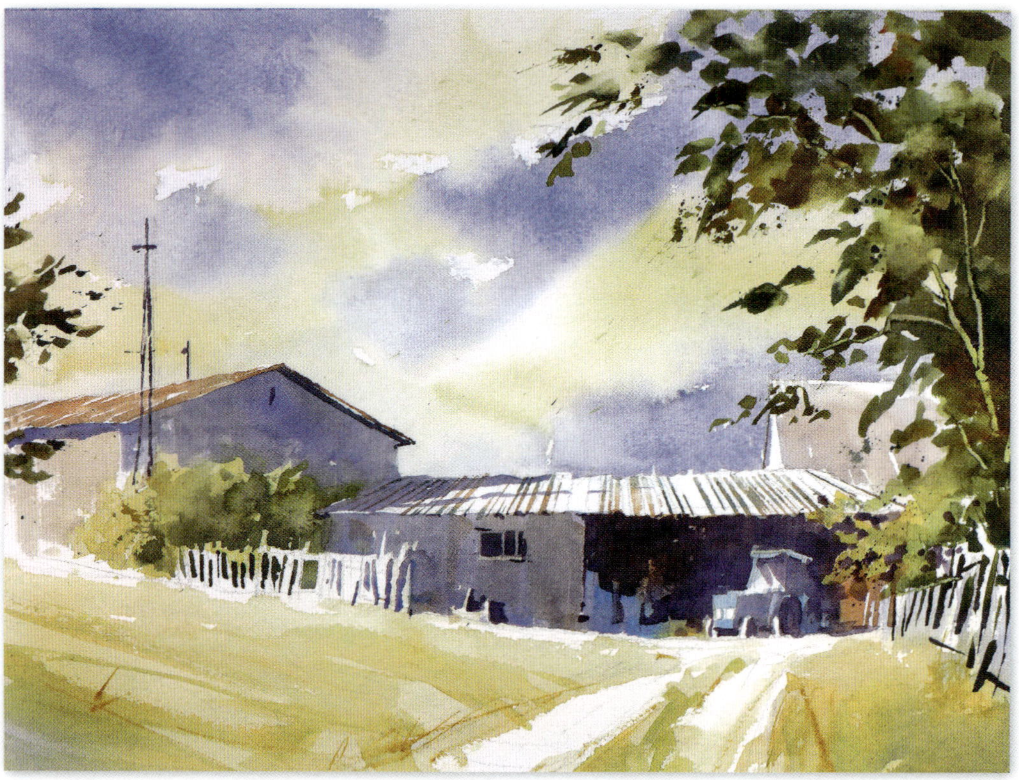

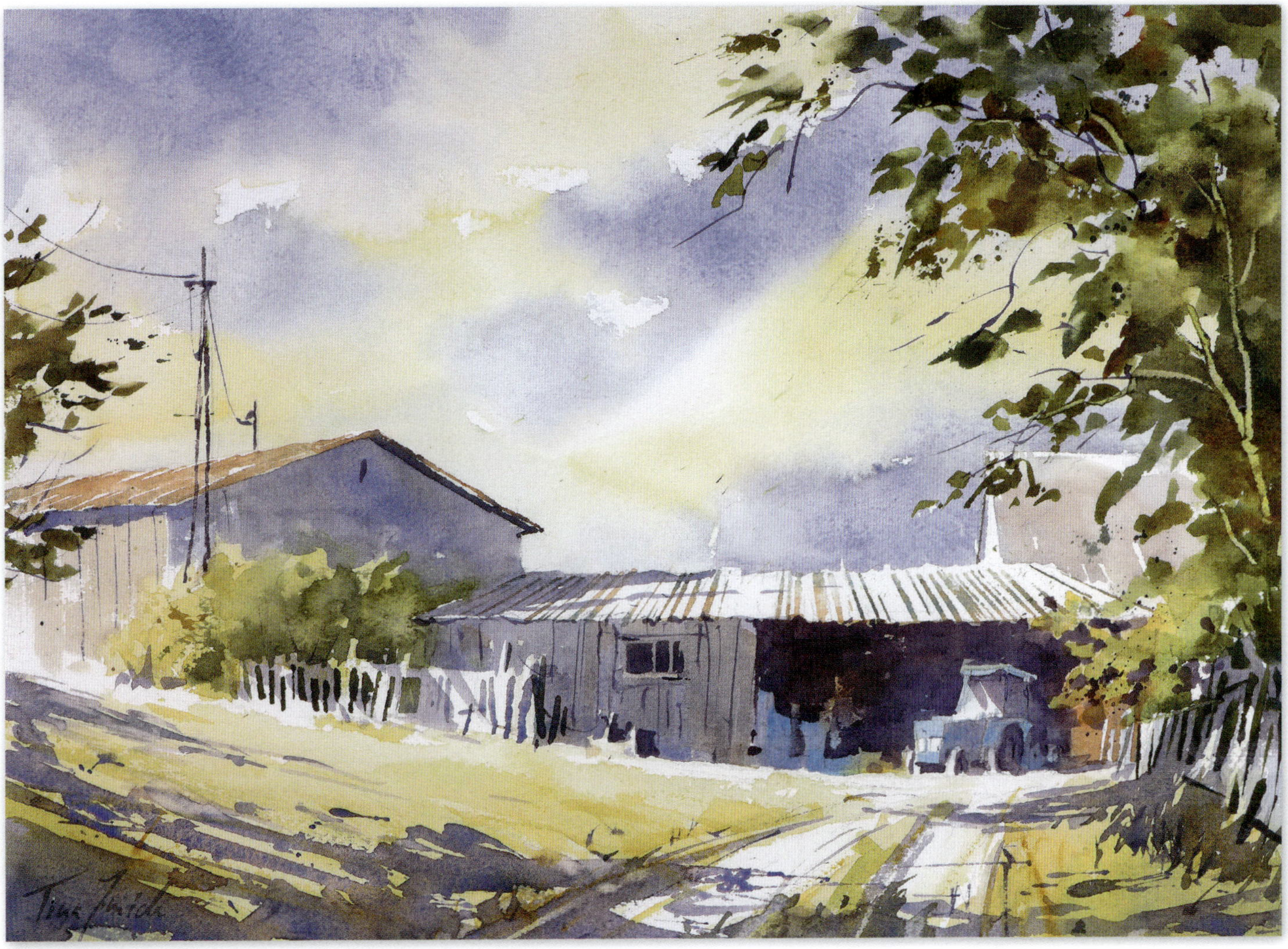

Fertiges Bild

Lege nun den Vordergrundschatten mit der gleichen Farbe und Intensität an wie den Schatten auf den Gebäuden. Der Schatten läuft links den Hügel abwärts und dann gerade über den Weg bis zur rechten Seite. Wenn die Schatten zu steif wirken, kannst du hier mit dem Pinsel etwas klares Wasser aufspritzen. Male den kleineren Schatten, den der große Baum rechts auf den Weg wirft. Deute zum Schluss mit dunklerer Farbe und dem Schlepper die Details an: den Strommast, die Fenster, die Spalten zwischen den Brettern in den Scheunen, die Gräser und einige Baumäste.

„Auch wenn der Maler ein Poet ist, so muss er doch ein guter Techniker sein, um ein poetisches Bild zu schaffen."

Künstlerweisheit

Frischer Fisch

Du brauchst:

Aquarellpapier Arches Feinkorn, 300 g/m²

Aquarellfarben in
- Kadmiumgelb
- Alizarin-Karmesin
- Französisch Ultramarin

Pinsel s. S. 8

Malspachtel

Es ist immer wieder faszinierend, wie weit man mit nur drei Farben kommt. Viele meiner Aquarelle entstehen aus den drei Grundfarben Gelb, Rot und Blau. Sie ergeben eine Unmenge an Mischfarben und doch ist eine Farbharmonie im Bild so gut wie garantiert. Einen fast gelben Himmel verwende ich eher selten, doch hier erzeugt er die Illusion einer heißen Mittagssonne.

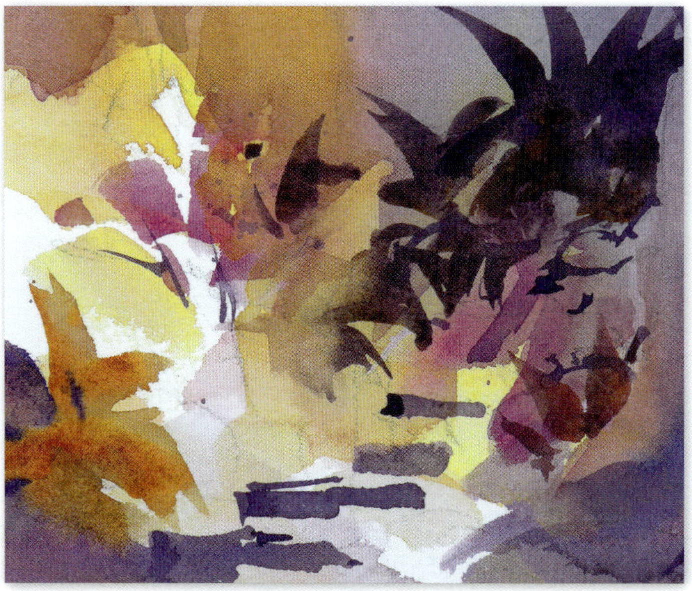

Detail 1
Das Gelb des Himmels zieht sich durch das ganze Bild und dient als Untergrund für den Großteil des Bildes. Hier und da blitzt es unberührt hindurch, um die Farbe des Himmels im Vordergrund zu wiederholen. Das Gelb findet sich auch in den dunklen Tonwerten wieder.

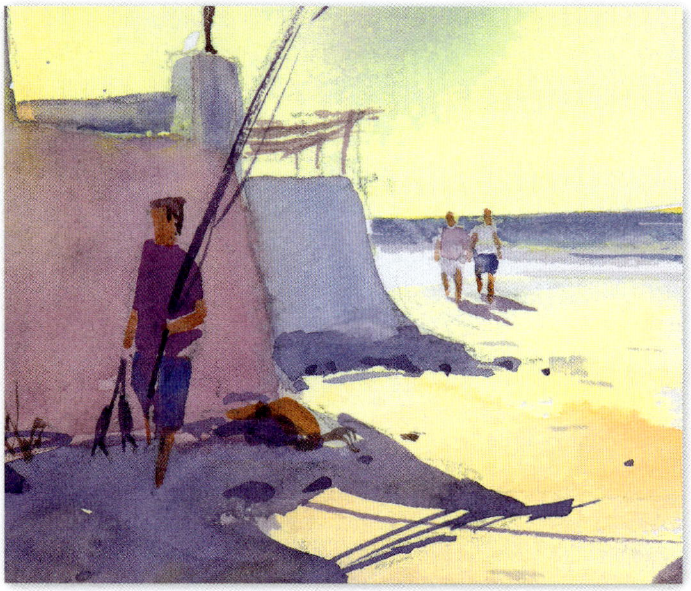

Detail 2
Das Gelb des Himmels liegt sogar unter dem Blau des Wassers. Himmel- und Sandfarbe sind fast identisch, sie haben nur kleinste Nuancen von Blau und Rot in sich. Die Schatten bestehen aus unterschiedlichen Abstufungen aller drei Farben und harmonieren deshalb so gut miteinander.

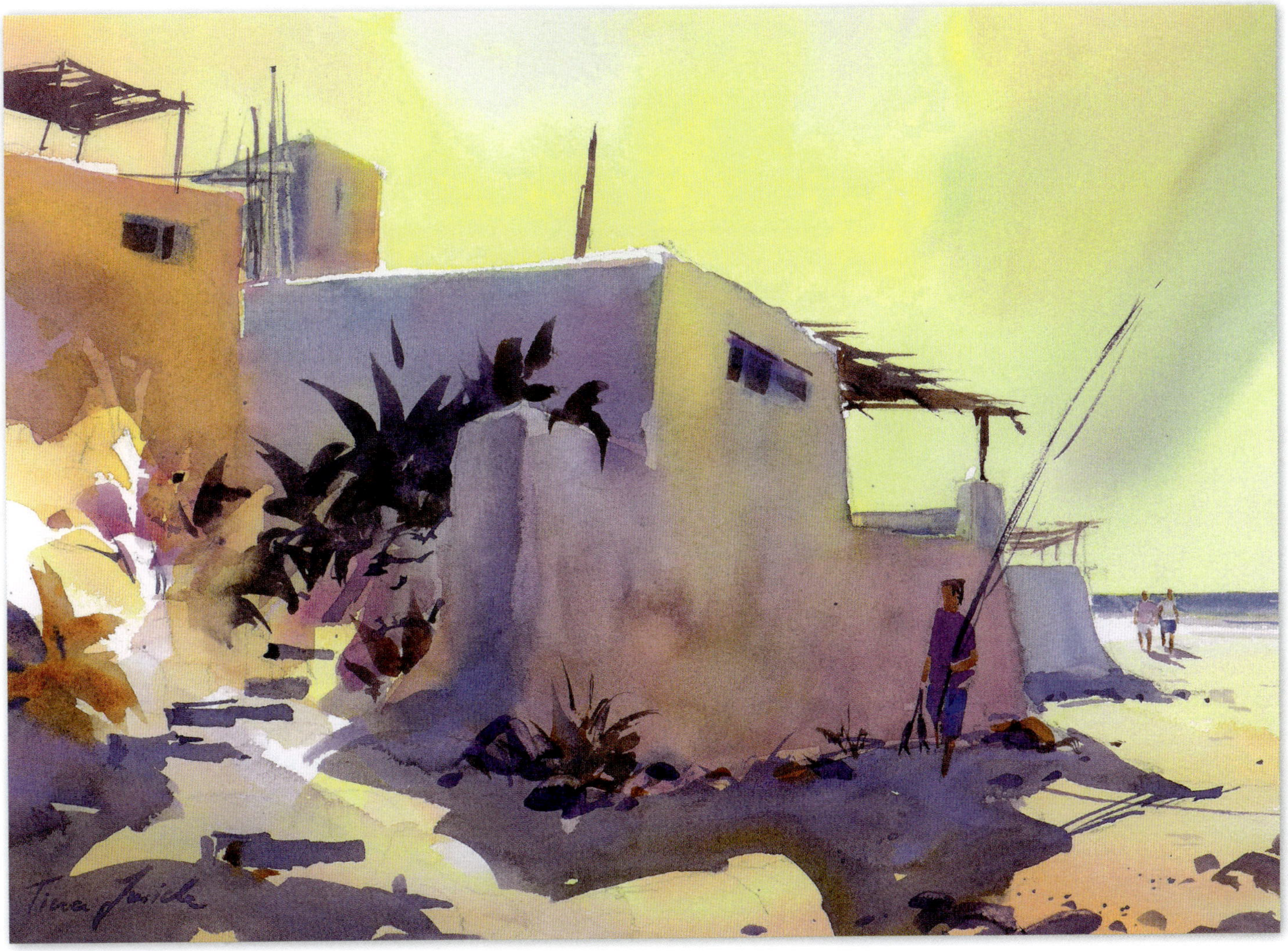

Vorgehensweise

Der Himmel wurde in einer sehr feuchten Lasur mit Kadmiumgelb angelegt. Es durfte nur ganz wenig Blau und Rot hineinlaufen, um die Fläche zu brechen. Das Gelb wurde ebenfalls über die Gebäude, das Meer und den Strand gelegt. Die Lichtkanten der Häuser, Flecken bei den Büschen sowie der Strandbereich am Wasser blieben weiß.

Für die Schattenfarbe wurden alle drei Farben gemischt, wobei immer eine etwas dominierte. Im oberen Bereich wurden eher die wärmere, unten eher die kühlere Schattenfarbe auf das getrocknete Papier gelegt.

Zum Schluss wurden die drei Farben noch dunkler gemischt und damit Fenster, Dächer, Büsche, Menschen und sonstige Details eingefügt.

Ich mag es gerne, wenn ein Bild eine kleine Geschichte erzählen kann, so wie in diesem Aquarell. Hätte der Angler keine Angel und keine Fische in der Hand, würde die Geschichte dieses Bildes für den Betrachter gleich ganz anders aussehen.

Torri del Benaco, Gardasee

Du brauchst:

Aquarellpapier Arches Feinkorn, 300 g/m²

Aquarellfarben in
- Siena natur
- Alizarin-Karmesin
- Coelinblau
- Französisch Ultramarin

Pinsel s. S. 8

Malspachtel

Bei Sonnenuntergängen schaut man gegen das Licht. Alles um einen herum reduziert sich auf dunkle Silhouetten – mal mehr, mal weniger, je nachdem wie viel Licht noch vorhanden ist. Details in den Flächen verschwinden. Die Silhouetten müssen so gut gemalt werden, dass der Betrachter das Dargestellte sofort an der Form erkennen kann. Die dunklen Formen erzeugen erst die Illusion eines leuchtenden Sonnenuntergangs. Versuche stets, die dunklen Farben aus den Farben, die du z.B. im Himmel verwendest, zu mischen. Fertige Schwarztöne sind dagegen langweilig und fade. Wenn du diese trotzdem verwenden möchtest, mische immer eine andere Farbe aus der verwendeten Palette dazu, um sie aufzupeppen.

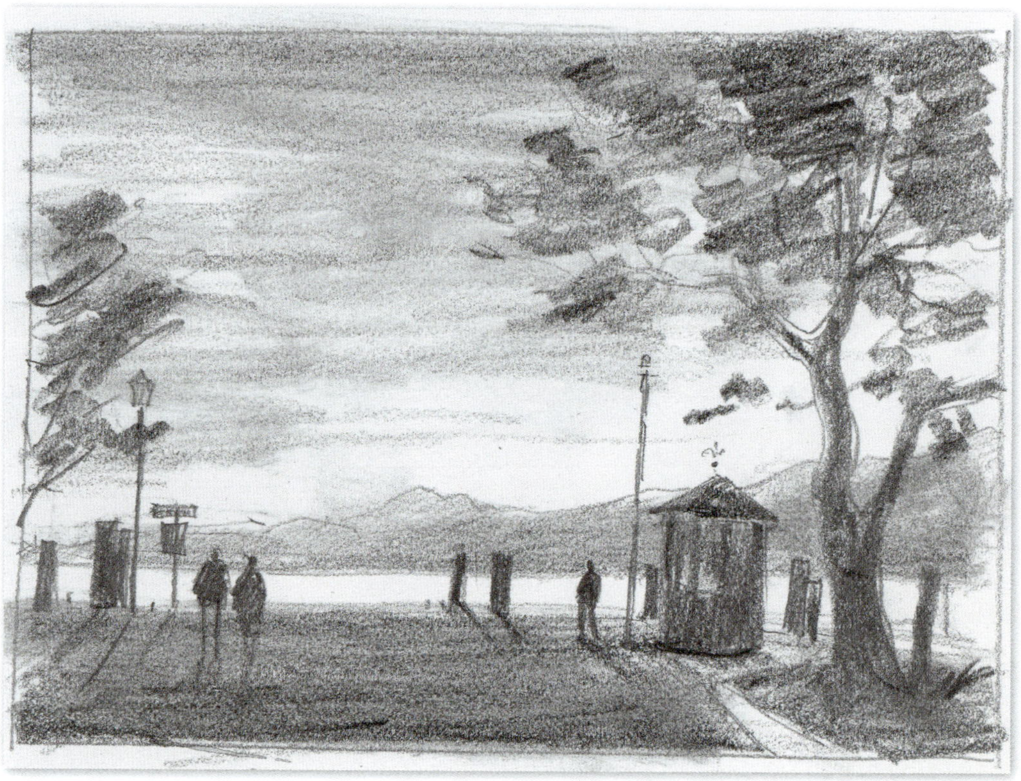

1. Schritt

Mache dich zunächst mit der Komposition vertraut und auch bewusst, wie dunkel die Formen im Vordergrund werden müssen. Die beiden Bäume links und rechts rahmen den Sonnenuntergang ein und drei oder mehr Menschen beleben die Szene etwas. Anlegepfosten, Schilder und das Fahrkartenhäuschen tragen zum Erzählen der kleinen Geschichte bei.

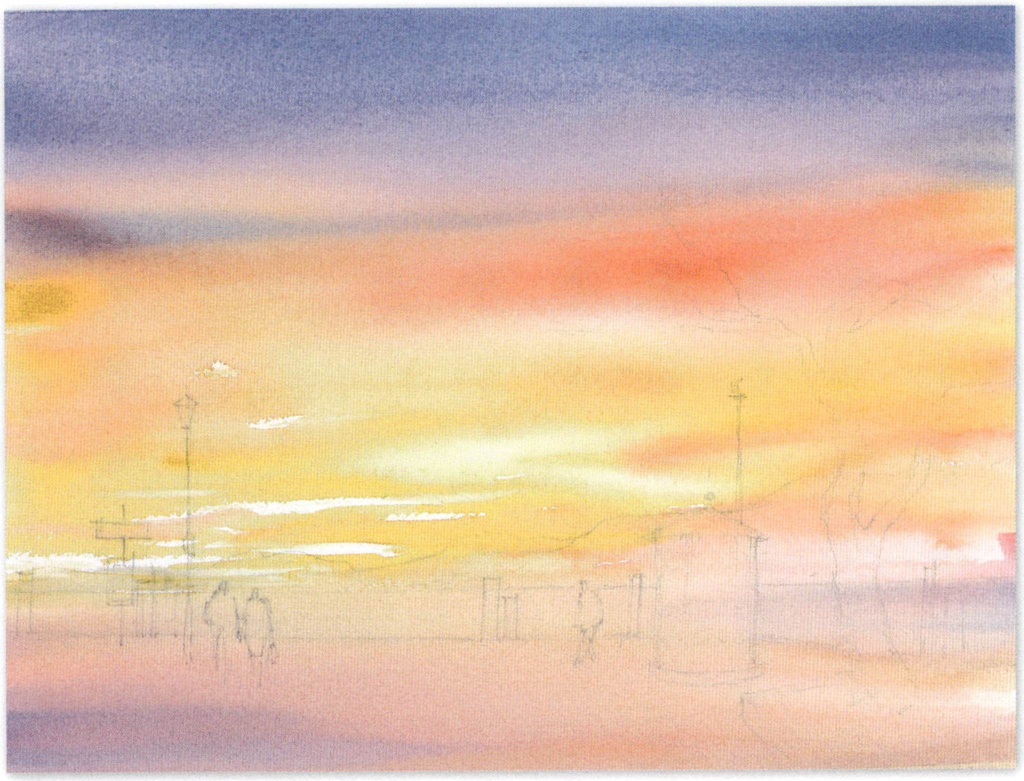

2. Schritt

Feuchte das komplette Blatt an, aber spare an der Stelle, wo die Sonne gerade verschwunden ist, ein paar trockene Flecken aus. Nimm einen großen Pinsel und ziehe die Farben mit einem flotten Pinselstrich horizontal auf das feuchte Papier. Beginne mit Siena natur um die ausgesparten Flecken herum, schließe dann sofort Alizarin-Karmesin an und gehe erst dann vom Rot ins Blau über. Arbeite so jeweils nach oben in den Himmel sowie nach unten in den Vordergrund.

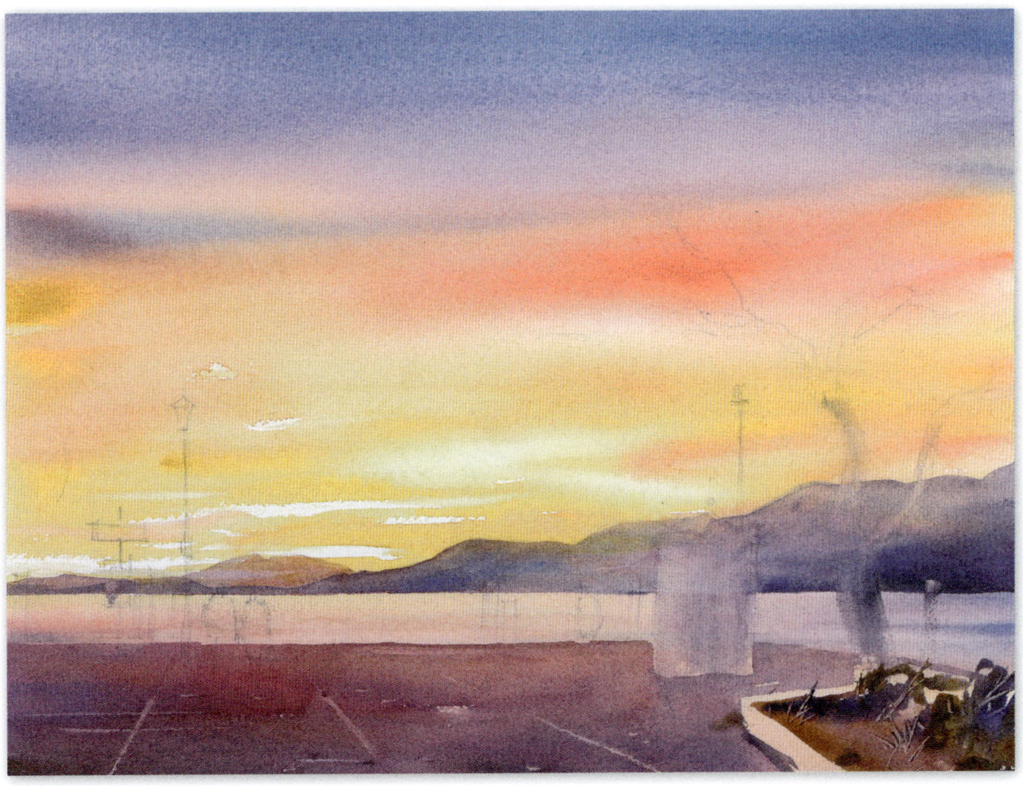

3. Schritt

Wenn der Untergrund getrocknet ist, mische Französisch Ultramarin und Alizarin-Karmesin in unterschiedlichen Verhältnissen, um die andere Uferseite des Gardasees zu malen. Vermeide dabei harte Ränder beim Baum und beim Häuschen. In den gleichen Farben wird auch der Vordergrund angelegt. In der kleinen Grünanlage kommt noch Siena natur hinzu.

Allein diese drei Farben bieten eine breite Variation an Mischtönen. Mit der Malspachtel kannst du noch etwas Struktur ins feuchte Papier kratzen.

4. Schritt

Es geht weiter mit der gleichen Farbmischung, nur mit immer weniger Wasser im Pinsel. Denke daran, nur Silhouetten der Figuren, Anlegepfosten, Schilder und des Häuschens zu malen. Das bedeutet nicht, dass alles schwarz werden muss, die Farbe darf durchaus variiert werden, soll aber in einem dunklen Tonwert bleiben. Auch hier brechen ein paar Kratzer mit der Malspachtel die Formen, besonders in den Fenstern des Tickethäuschens.

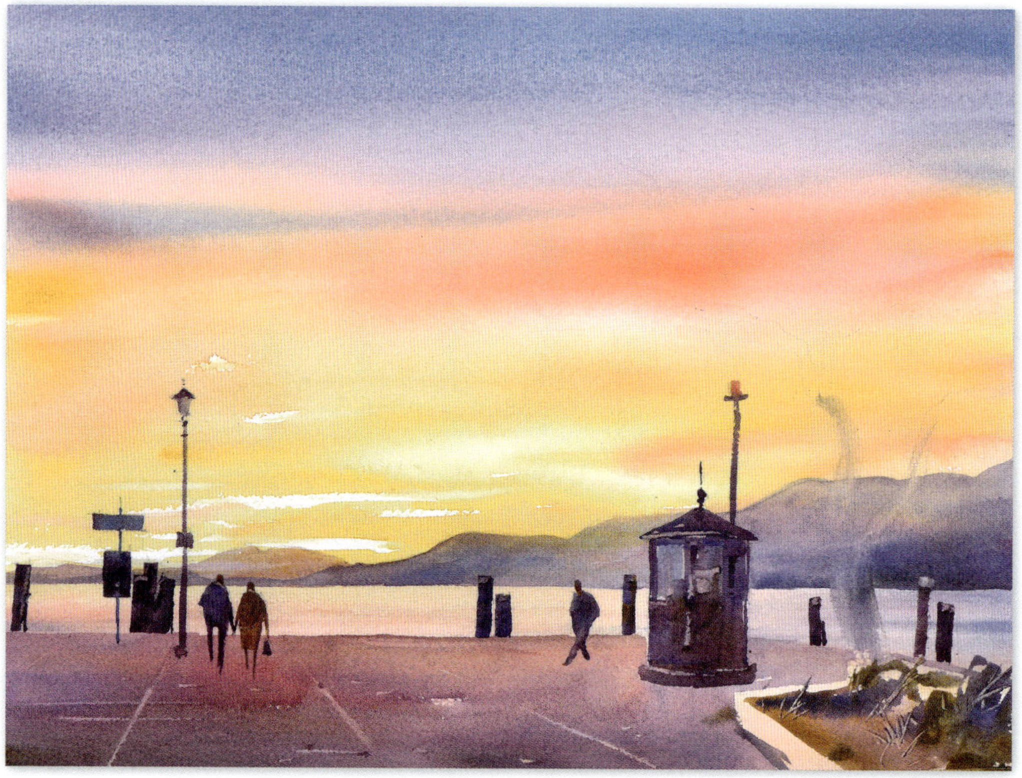

Detail

Das Wasser bleibt in der ursprünglichen Farbe der ersten Lasur und spiegelt somit die Farben des Himmels wider. Es definiert sich durch die andere Uferseite und den Quai im Vordergrund.
Die Schatten gehen strahlenförmig vom Zentrum des Lichts (oberhalb des Pärchens) nach links und rechts weg. Man erkennt auf dem rauen Papier die Granulierung von Französisch Ultramarin, was schon als Andeutung der Pflastersteine dienen kann.

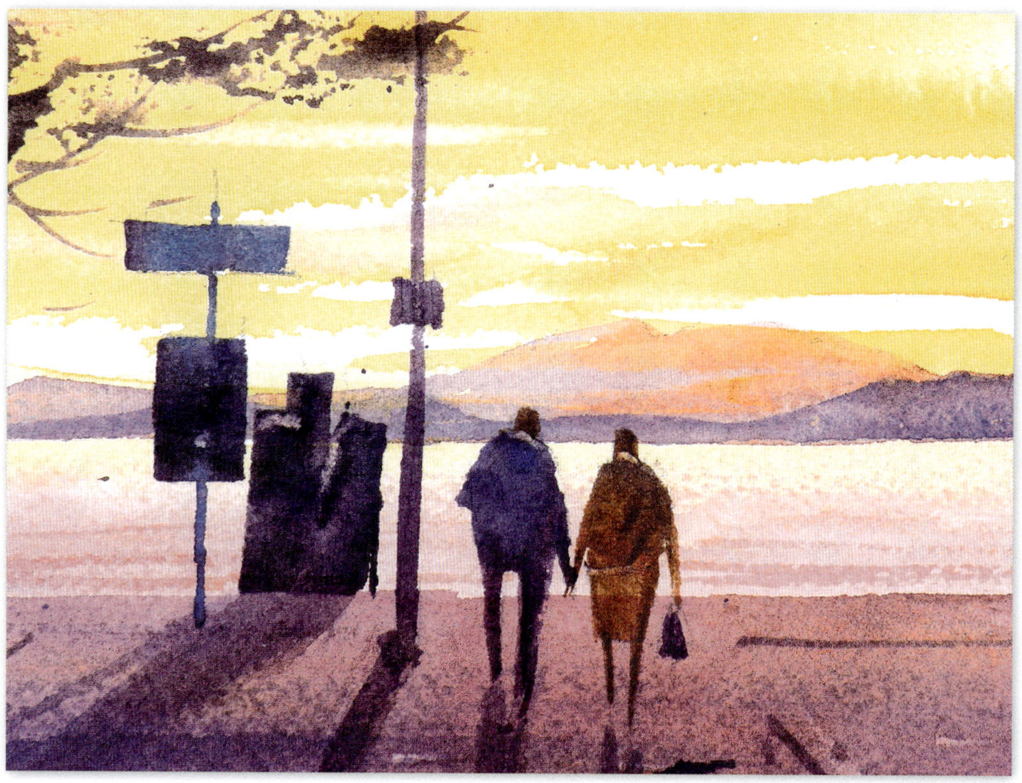

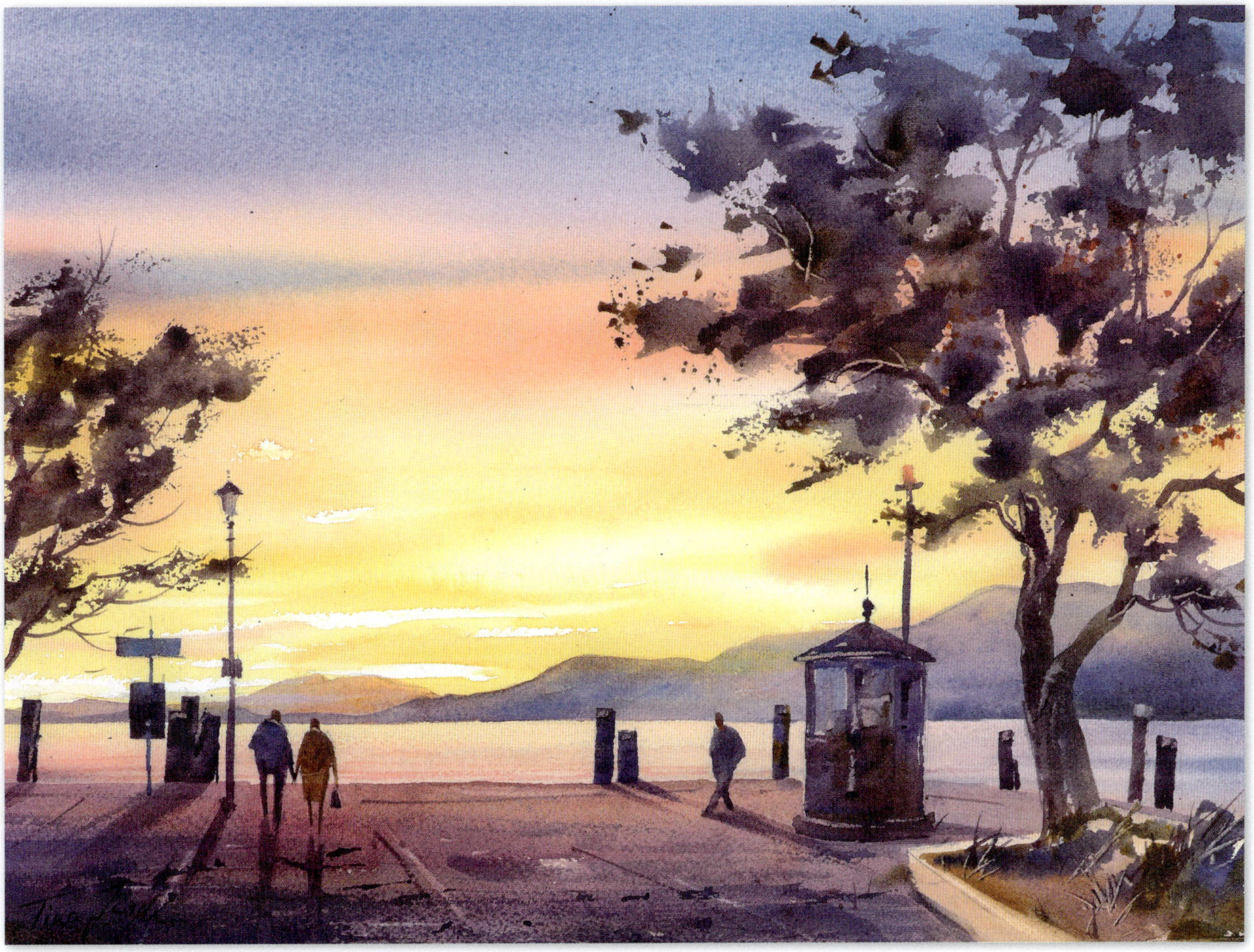

Fertiges Bild

Für die Bäume musst du genug dunkle Farbe anrühren. Mache dir die Struktur des Papiers zu Nutze, um die Blätter zu malen. Du kannst auch die Spritztechnik einsetzen. Dann solltest du aber die anderen Flächen abdecken, damit kein „Heuschreckenschwarm“ in den Sonnenuntergang fliegt. Ist das Laub gemalt, füge den Stamm hinzu und male einige Äste zwischen die Laubbüschel. Mit ein paar leichten Schatten und etwas Vordergrundstruktur ist das Bild fertig.

Tipp: Gehe bei Sonnenuntergängen von Gelb immer erst über Rot und dann ins Blau, um zu vermeiden, dass sich die Farben zu Grün und Braun mischen. Sobald du die drei Grundfarben Gelb, Rot, Blau zusammen mischst, egal ob auf dem Papier oder auf der Palette, entsteht Braun.

Abenddämmerung

Du brauchst:

Aquarellpapier Arches Feinkorn, 300 g/m²

Aquarellfarben in
- Lasurorange
- Französisch Ultramarin
- Grünoliv

Pinsel s. S. 8

Ab und zu ergibt sich zufällig eine Farbmischung auf der Palette, die ansprechend aussieht, aber für das gerade in Arbeit befindliche Bild nicht geeignet ist. Dann male ich die Mischung auf ein Stück Papier und lege es zur Seite, bis sich ein passendes Motiv dafür findet. Um die Mischung später nachvollziehen zu können, notiere ich mir dazu die entsprechenden Farbtöne. So war es bei diesem Aquarell. Hier ist es das Leuchten der sehr transparenten Farbe Lasurorange, das für Stimmung sorgt.

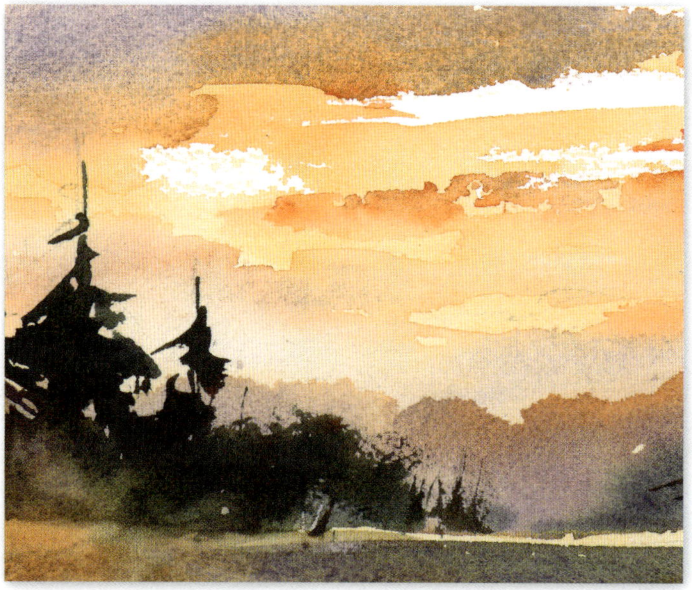

Detail 1
Im Detail sieht man hier das Wechselspiel zwischen harten und weichen Rändern, sowohl im Himmel als auch in der sehr reduzierten Landschaft im Vordergrund. Es scheint ein wenig Nebel aufzusteigen, obwohl das nicht geplant war. Das Aquarell beschert uns oft überraschende und schöne Effekte.

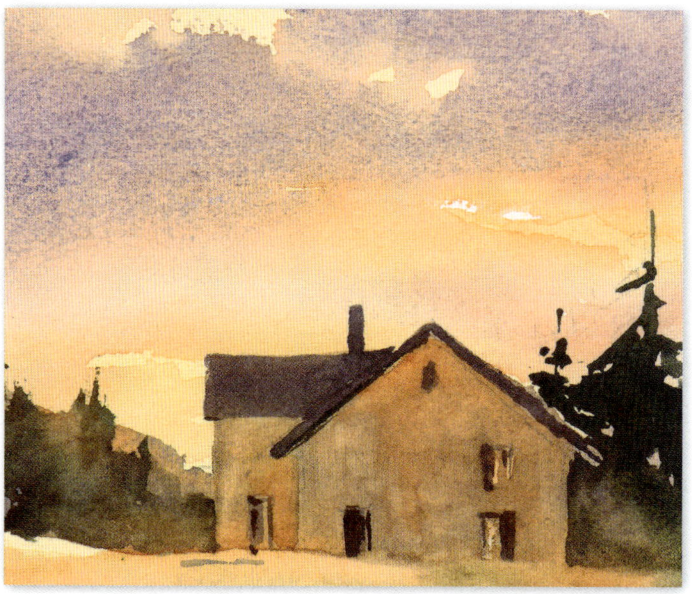

Detail 2
Die Sonne versteckt sich noch hinter den Wolken, sie ist noch nicht ganz untergegangen und es zeigt sich noch etwas Detail in der Landschaft. Das Haus hat noch Fenster und etwas Struktur bekommen, sonst wäre die Form zu langweilig. Die Bäume wirken allein durch ihre unterschiedlichen Formen.

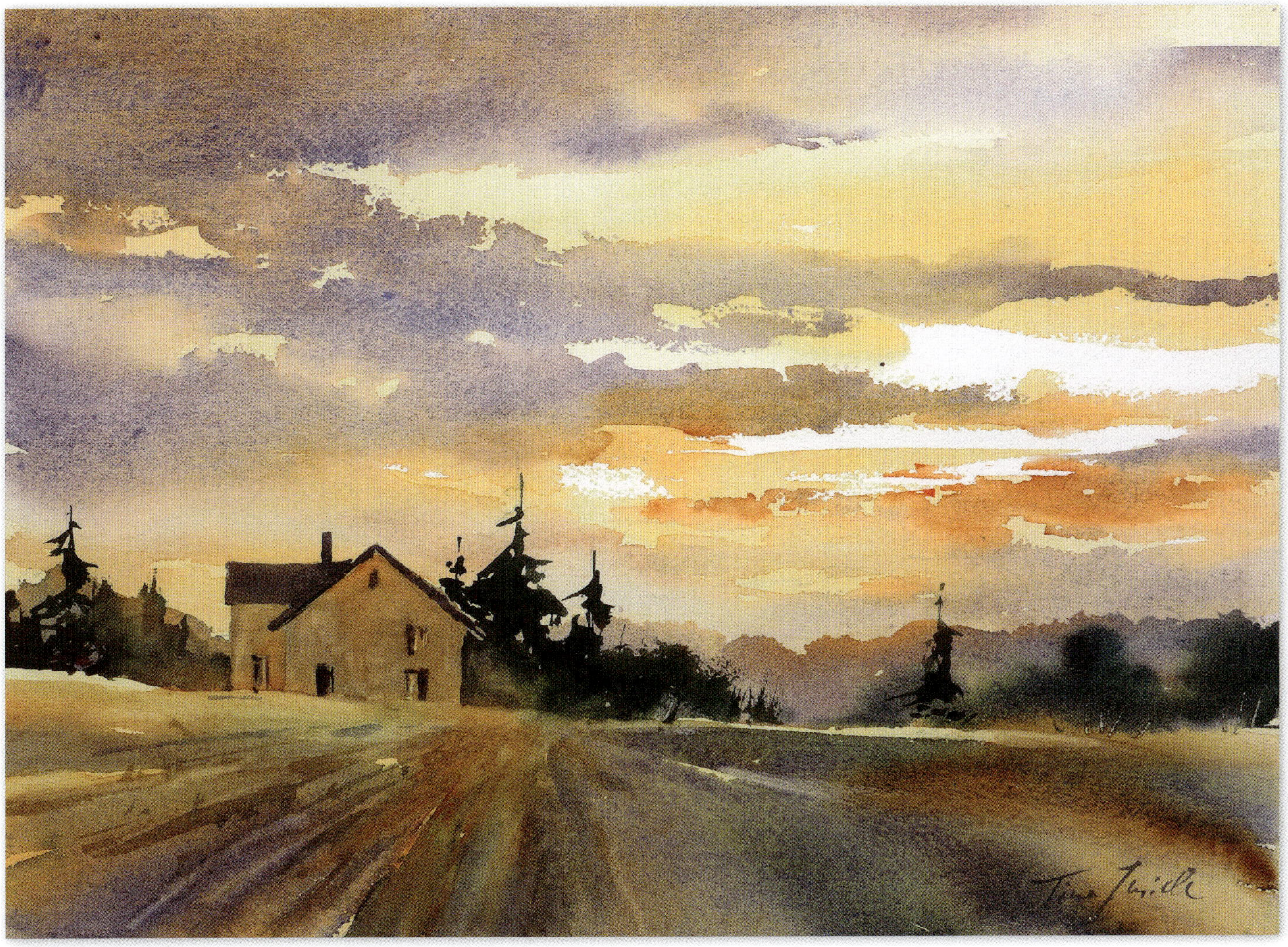

Vorgehensweise

Zunächst wurde eine dünne Lasur von Lasurorange über die ganze Bildfläche gelegt. Dabei wurden nur ein paar weiße Flecken im Himmel ausgespart. Auf das dann trockene Papier kamen Wolken aus Lasurorange und Französisch Ultramarin, wobei einige Kanten mit klarem Wasser angelöst wurden.

Der Wald ganz weit im Hintergrund entstand mit derselben Farbe wie die Wolken.

Dann wurde Grünoliv zur Mischung gegeben und damit die Tannen an der Feldkante verteilt. Sie rahmen auch das Haus ein. Bei einigen Büschen war dabei der Hintergrundwald noch feucht.

Im Feld sieht man jede der drei Farben, da sie in das feuchte Papier gesetzt wurden, um sich dann erst zu vermischen. So bleiben sie lebendig und es entstand keine „graue Soße“.

Legt man Komplementärfarben (Blau - Gelb, Rot - Grün) nebeneinander auf das Papier, bringen sie sich gegenseitig zum Leuchten. Vermischt man sie, neutralisieren sie sich und es entstehen lebendige Grautöne.

Abend über Tremblade

Du brauchst:

Aquarellpapier Arches Feinkorn, 300 g/m²

Aquarellfarben in
- Coelinblau
- Französisch Ultramarin
- Kadmiumgelb
- Alizarin-Karmesin

Pinsel s. S. 8

Malspachtel

Es gibt so viele unterschiedliche Stimmungen am Abend. Manchmal erscheinen die Farben in der Realität so kitschig, dass man sie sich gemalt kaum vorstellen kann.
Es ist Geschmacksache, wie bunt du malen möchtest und wie kräftig deine Wolken werden. Traue deinem Farbgefühl!
Für die warme Stimmung gilt es, das Gelb vom Blau getrennt zu halten. Das Rot dient hier als Brücke zwischen beiden, um kein Grün im Himmel entstehen zu lassen. Die Wahl fällt hier auf Alizarin-Karmesin als kaltes und transparentes Rot, das sich gut für einen leuchtenden Abendhimmel eignet.
Kadmiumrot ist zwar in der Farbe wärmer, aber sehr viel deckender im Pigment und leuchtet deshalb etwas weniger.

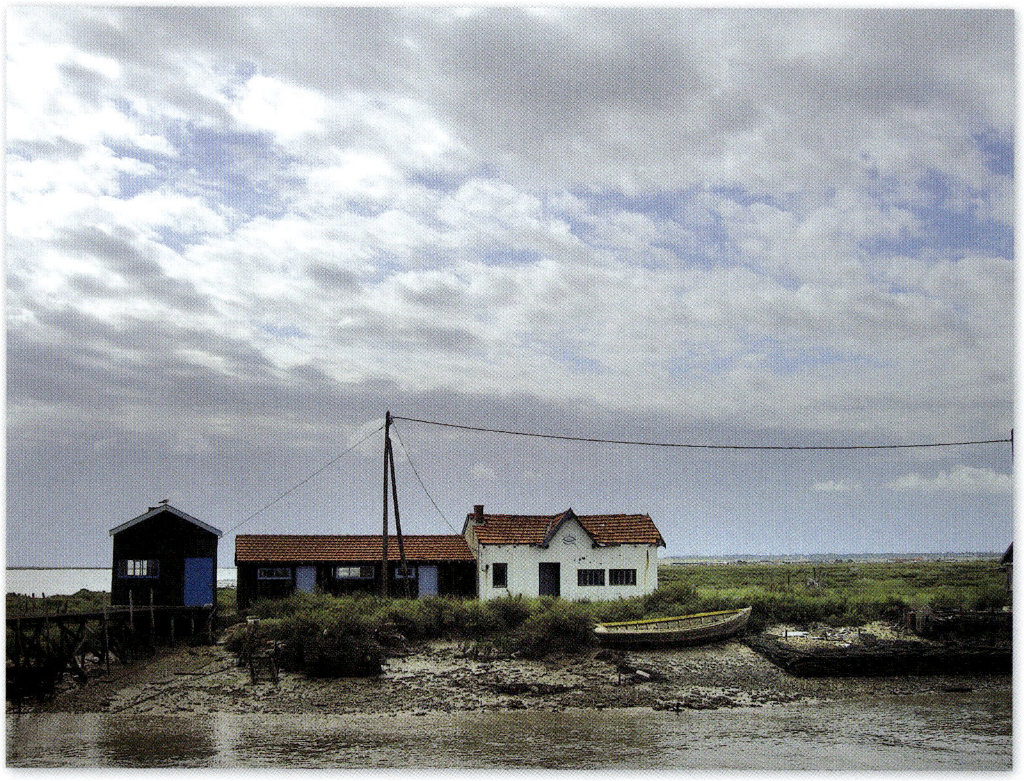

Motivvorlage

Die Motiv-Vorlage hat keine typische Sonnenuntergangsstimmung. Die Farben sind auf deiner Palette und du kannst den Himmel leuchten lassen oder ihn eher in dieser grauen Stimmung malen. Wie gesagt, traue deiner momentanen Farbstimmung!
Neben aller Technik sind unsere eigenen Emotionen im Bezug auf das Motiv wichtig für ein gutes Gelingen.

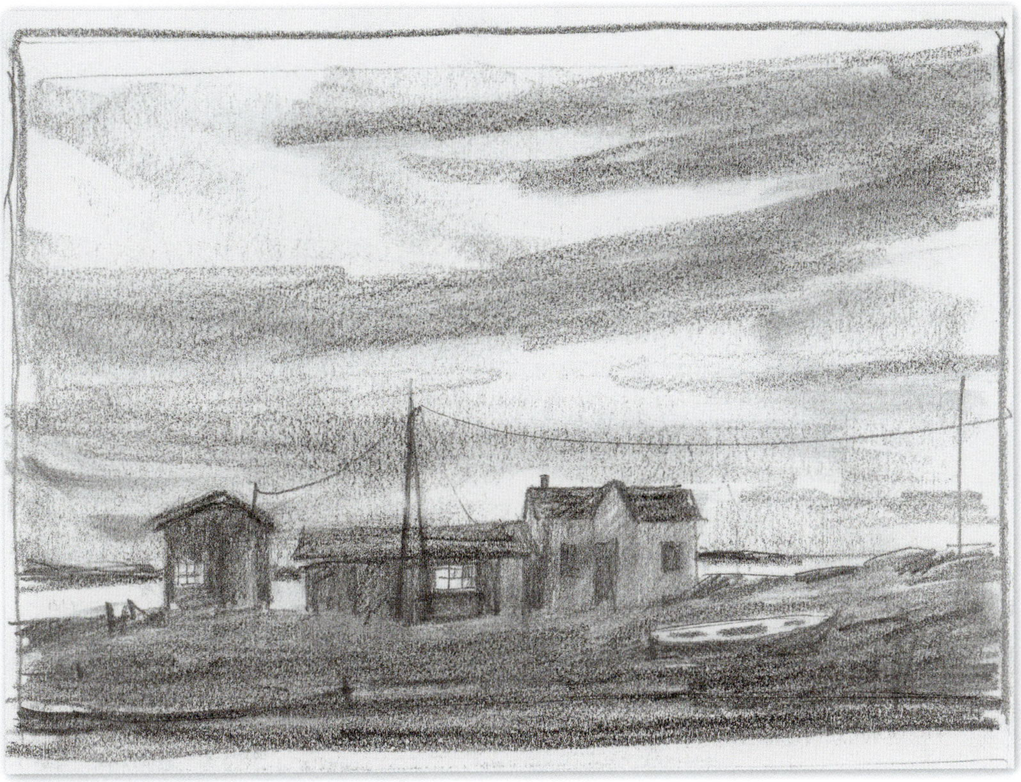

1. Schritt
Das Foto ist von der Komposition her schon sehr gut. Platziere den Horizont im unteren Drittel so, dass genügend Raum für den Himmel bleibt.
Das Boot muss nicht sein, ist aber ein zusätzlicher Akzent. Die Strommasten bilden einen vertikalen Kontrast zu den vielen Horizontalen und bringen Spannung ins Bild. Halte den Vordergrund dunkel und ruhig.

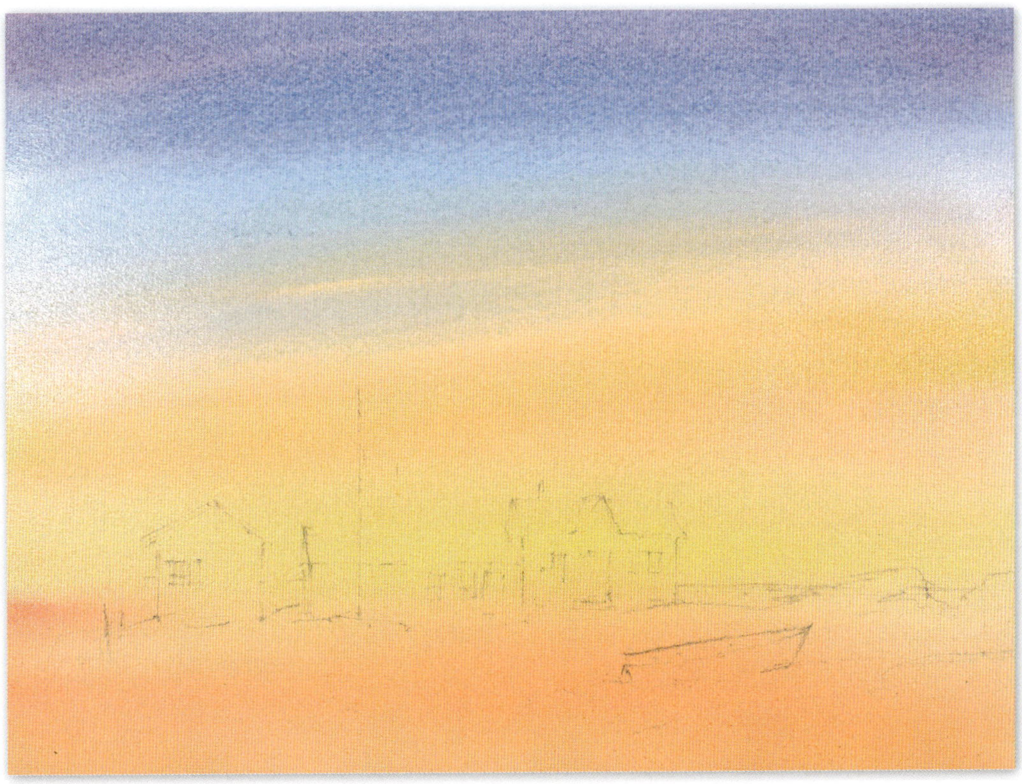

2. Schritt
Die Farben in deiner Palette müssen weich und verarbeitungsfähig sein. Feuchte dein Blatt gut an. Je trockener die Luft in deinem Arbeitsbereich, desto schneller trocknet dein Blatt. Besonders schnell trocknet es an den Rändern. Beginne am Horizont mit Kadmiumgelb, gehe nach oben und unten in Alizarin-Karmesin über und lege oben im Himmel Coelinblau an. Die Fläche muss weiterhin gleichmäßig feucht bleiben.
Gehe jetzt sofort, ohne Pause, zu Schritt 3 über.

3. Schritt

Jetzt musst du schnell sein. Lege nun mit einer Mischung aus Französisch Ultramarin, Coelinblau und Alizarin-Karmesin die Wolken in den noch feuchten Himmel. Es darf kein Wasser im Pinsel sein, nur Farbe! Kadmiumgelb und Alizarin-Karmesin geben die Farbe für das Leuchten unter den Wolken, die du ebenfalls in das noch feuchte Papier legst.

Wenn du jetzt mit zu viel Wasser im Pinsel arbeitest, werden Farbrückläufe entstehen. Wenn das geschieht, lässt du es am besten überall etwas laufen (siehe St. Nikolaus ab Seite 60).

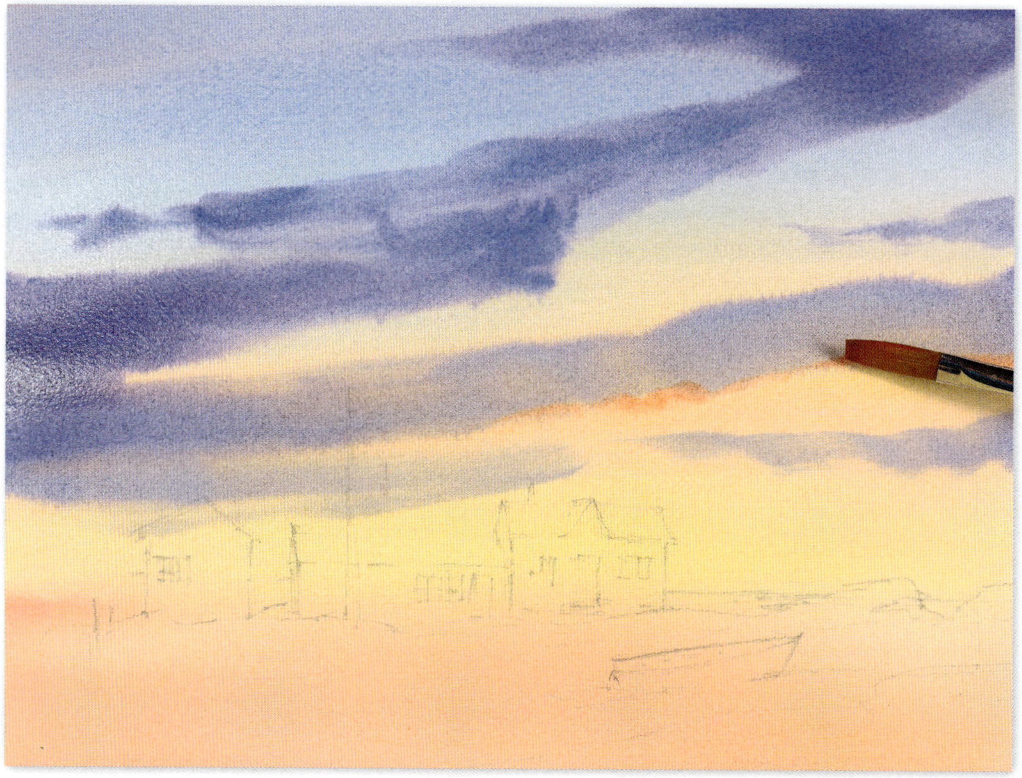

4. Schritt

Die Farben des Himmels bilden auch die Vordergrundfläche. Bleibe dabei eher im violetten Bereich und schwenke nicht ins Grün ab, um die Farbharmonie im Bild beizubehalten. Spare dabei die Kante des Bootes aus. Kratze mit der Malspachtel einige spärliche Steine und Gräser in die feuchte Fläche. Du kannst auch spritzen, aber nur hier und da; es darf nicht zu viel Detail werden.

Male dann hinten am Horizont eine kleine Hügelkette ein, um so das Wasser vom Himmel abzugrenzen.

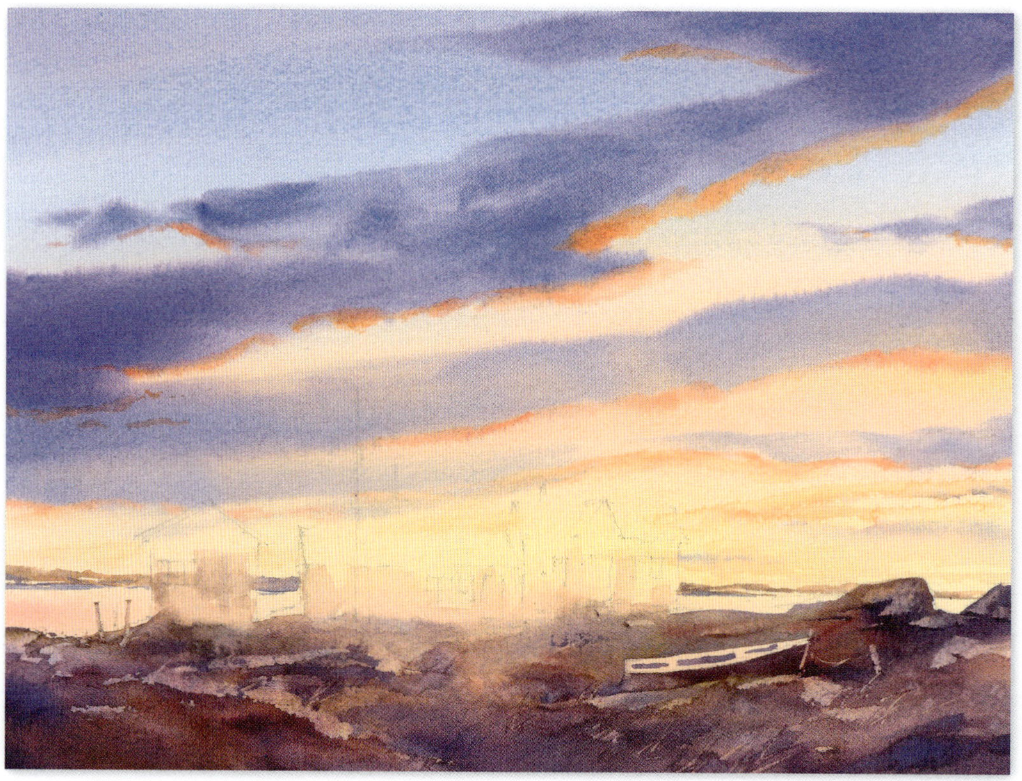

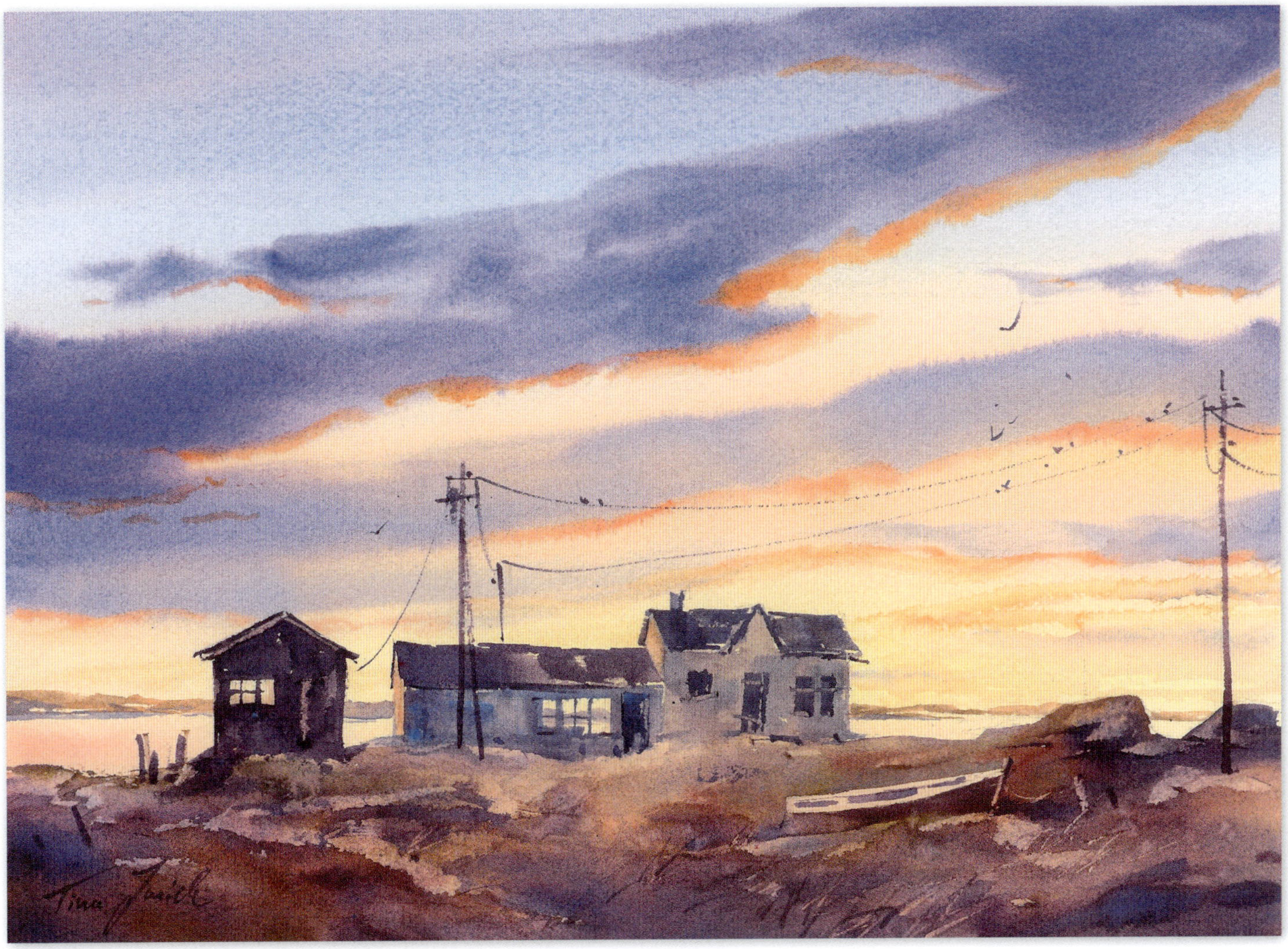

Fertiges Bild

Variiere bei den drei Häusern die Farbe etwas und male sie dunkel genug, dass sie sich gut gegen den helleren Himmel abheben. Auch hier darf gekratzt werden, eine Tür oder ein Fenster. Es sieht allerdings auch schön aus, wenn man durch zwei Fenster hindurchsehen kann; spare es also für den Durchblick einfach aus.

Dann füge mit dem Schlepperpinsel noch die Strommasten und Leitungen ein. Ein kleiner Vogelschwarm belebt die Szene.

Entscheide, ob der Vordergrund noch Gräser oder Pfosten braucht.

„Der Künstler, der Angst hat, Fehler zu machen, wird nicht viel Freude an der Sache haben."

Künstlerweisheit

Sonnenaufgang in Michamvi, Zanzibar

Du brauchst:

Aquarellpapier Arches Grobkorn, 300 g/m²

Aquarellfarben in
- Lasurorange
- Alizarin-Karmesin
- Französisch Ultramarin
- Kobalttürkis

Pinsel s. S. 8

Malspachtel

In der Nähe des Äquators sind die Sonnenaufgänge mindestens so intensiv wie die Sonnenuntergänge. Sich aufbäumende Regenwolken schieben sich vor den zarten Morgenhimmel. Die Luft ist schwül-warm vom nächtlichen Regen. Hier ist es wichtig, bei der Farbgebung nicht zu kräftig zu werden, um die ruhige Stimmung beizubehalten.

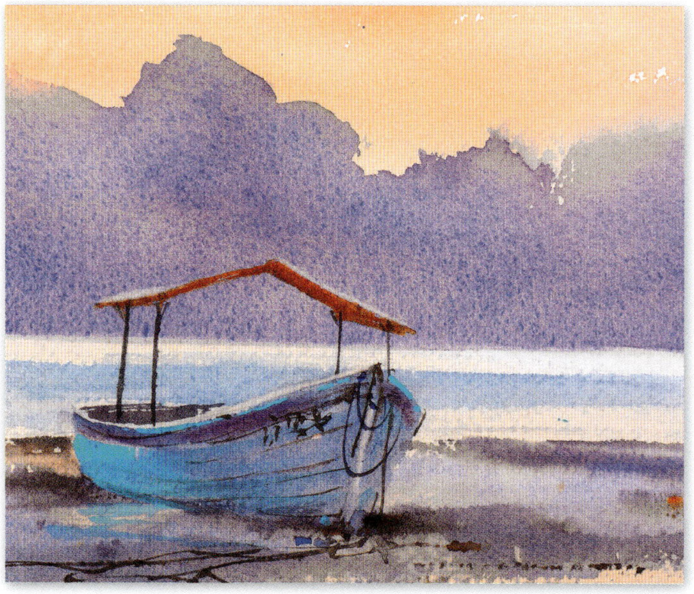

Detail 1
Ich habe mich bewusst für ein einzelnes Fischerboot bei Ebbe entschieden, um die ruhige Morgenstimmung noch mehr zu betonen. Die Farben des Himmels wiederholen sich im Boot. Das Highlight auf dem Sonnensegel wurde leicht mit einem kleinen Flachpinsel herausgewischt.

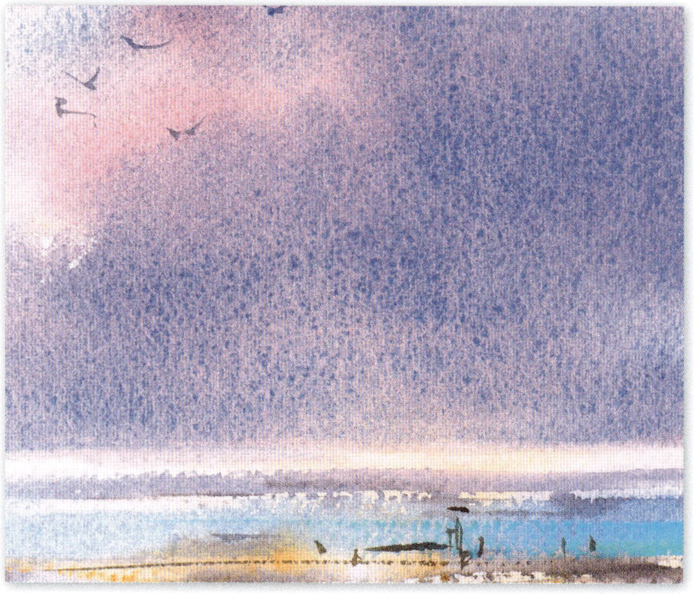

Detail 2
Hier sieht man schön die granulierende Eigenschaft von Französisch Ultramarin und Kobalttürkis. In diesem Ausschnitt hat der Himmel einen weichen Übergang zum Wasser. Auch hier wurde mit dem weichen Flachpinsel etwas Helligkeit herausgenommen, da der Himmel zu weit ins Wasser gelaufen war.

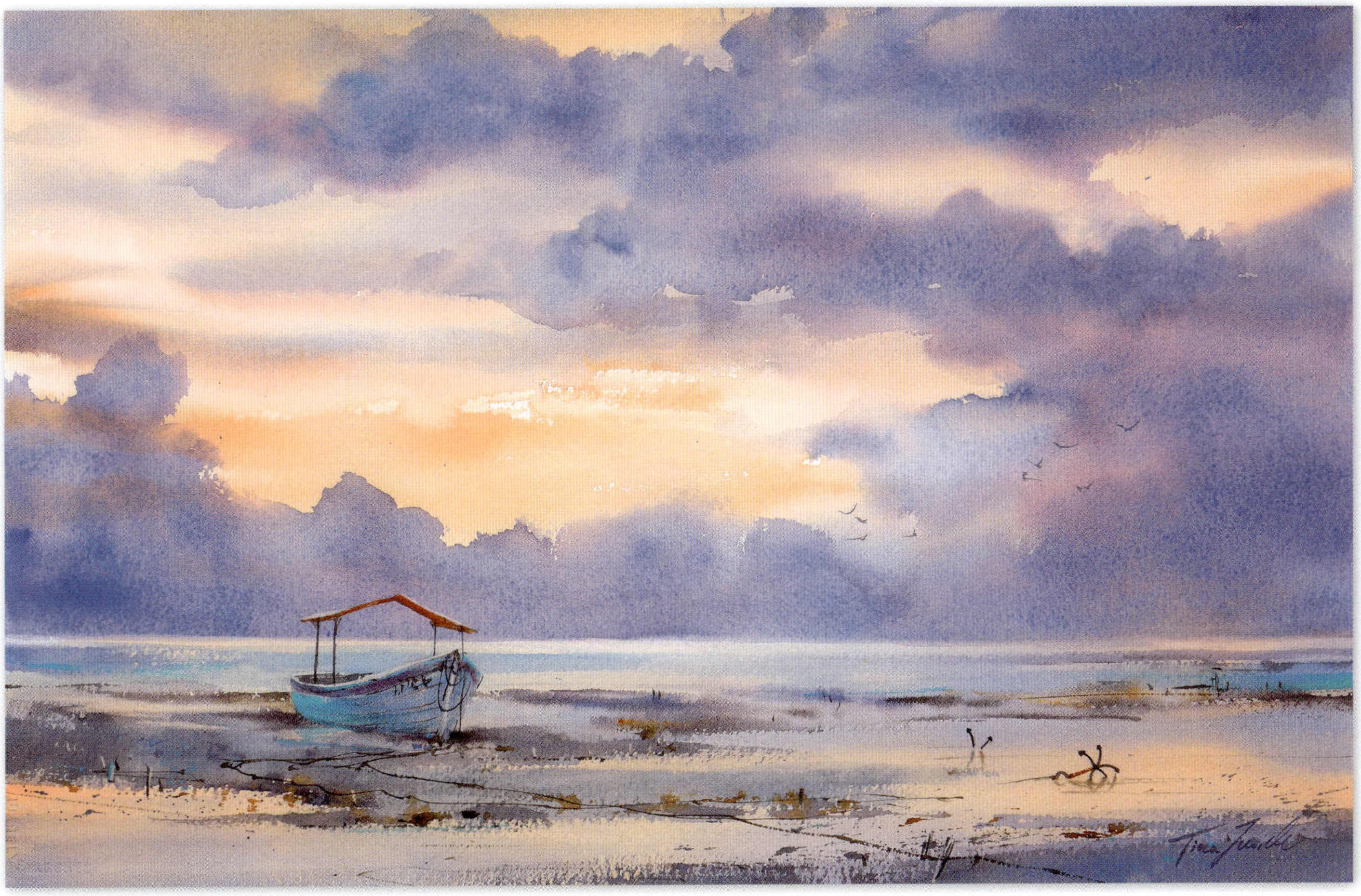

Vorgehensweise

Zunächst wurde ein großer Teil des Blattes angefeuchtet. Dann kam mit Lasurorange das warme Leuchten in den Himmel. Hier und da durfte etwas Französisch Ultramarine hineinlaufen. Die Farben wiederholen sich in den Wasserpfützen am Strand.

Nach dem Trocknen der ersten Schicht kamen die dicken Wolken, gemischt aus Französisch Ultramarin und Alizarin-Karmesin, in den Himmel und schufen so die Meereskante.

Der nasse Sand, auf dem das Boot sitzt, entstand in der gleichen Farbe, mit etwas Lasurorange für die Andeutung der Algen. Darauf wurde das Boot platziert und die Seile der beiden Anker gezeichnet. Und auch dort gibt es viele Seevögel.

„Kunst lebt von der Fähigkeit, die Welt mit anderen Augen sehen … und neu zu entdecken. Erzähle deine eigene Geschichte – auf deine Art und Weise!"

Künstlerweisheit

Ein Regentag

Du brauchst:

Aquarellpapier Arches Grobkorn, 300 g/m²

Aquarellfarben in
- Preußischblau
- Kadmiumrot
- Siena gebrannt
- Siena natur

Pinsel s. S. 8

Malspachtel

Die meisten Menschen bleiben bei schlechtem Wetter lieber zu Hause. Dabei halten gerade Regentage tolle Stimmungen bereit, die nur darauf warten, gemalt zu werden. So gern ich auch draußen vor dem Motiv aquarelliere, arbeite ich in diesem Fall dann doch lieber von Fotos. Nur muss man diese Fotos erst einmal bekommen. Bei schlechtem Wetter geht keiner gerne vor die Tür, um zu fotografieren. Du kannst als Vorlage auch ein sonniges Bild verwenden und es im Bild dann einfach regnen lassen.
Wir Maler können jederzeit Petrus spielen und uns jedes Wetter selbst malen!
Die Farben sind bei regnerischem Wetter meist grauer, aber das heißt nicht, dass das Bild trotz Regen nicht leuchten darf.

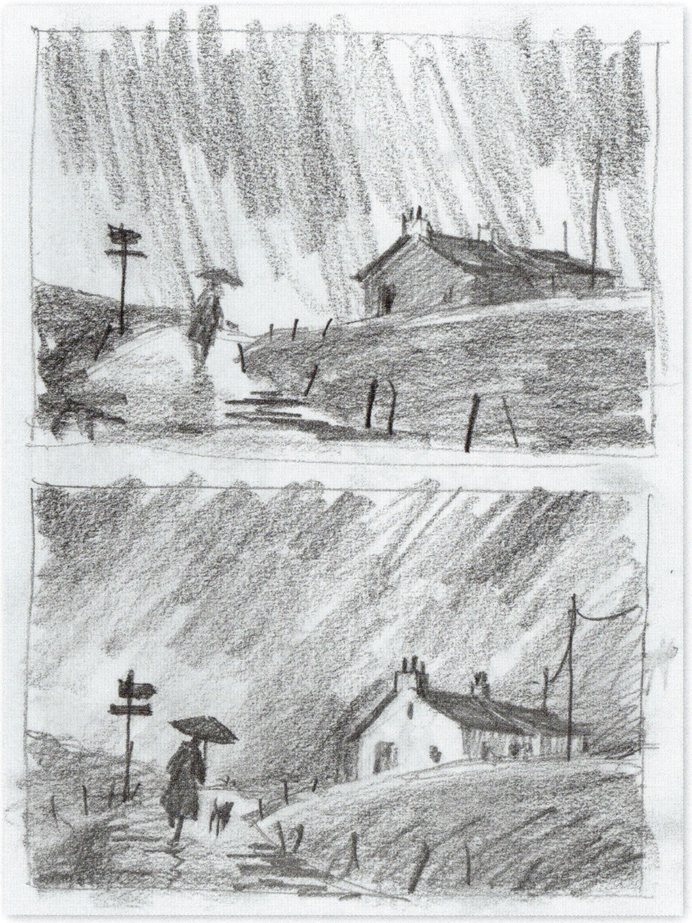

1. Schritt
Du hast immer mehrere Möglichkeiten, ein Motiv umzusetzen. Hier siehst du zwei Beispiele. In den Tonwertskizzen kannst du vorher sehen, welche Komposition dich mehr anspricht, und musst nicht noch während des Malprozesses herumprobieren.
In der oberen Tonwertskizze ist das Haus dunkler und in der unteren heller als der Himmel. Du kannst dich gern an beiden Versionen versuchen. Für die Schrittfolge habe ich den unteren „Aquarell-Fahrplan“ gewählt. Lege deinen Fahrplan beim Aquarellieren so hin, dass du ihn gut im Blick hast.

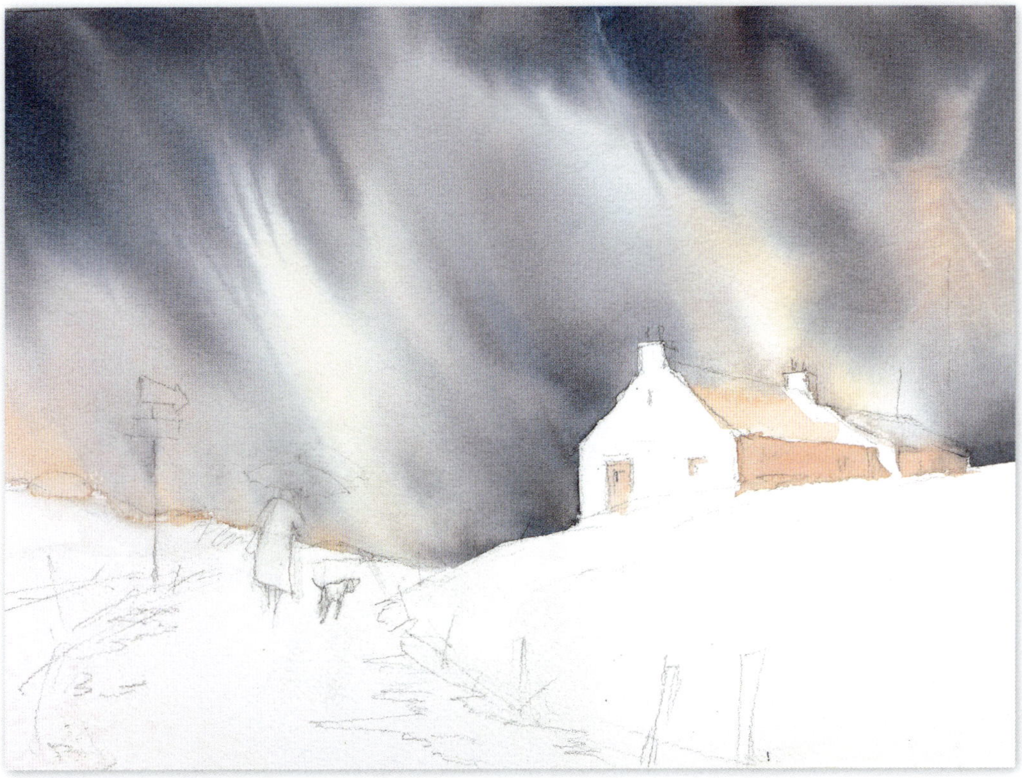

2. Schritt

Feuchte das Papier gut an, besonders die Ränder, da diese am schnellsten trocknen. Lege etwas Kadmiumrot in den Himmel und setze dann die dunklen Regenwolken mit Preußischblau, abgetönt mit Kadmiumrot, oben am Bildrand ein.
Die Farbe muss sehr dick sein, aber nicht zu trocken, sonst fließt sie nicht. Halte das Malbrett so, dass die Farbe in die gewünschte Richtung fließen kann.
Setze auch etwas Dunkelheit hinter das Haus und ziehe mit dem Schlepper evtl. ein paar Streifen in die Wolken.

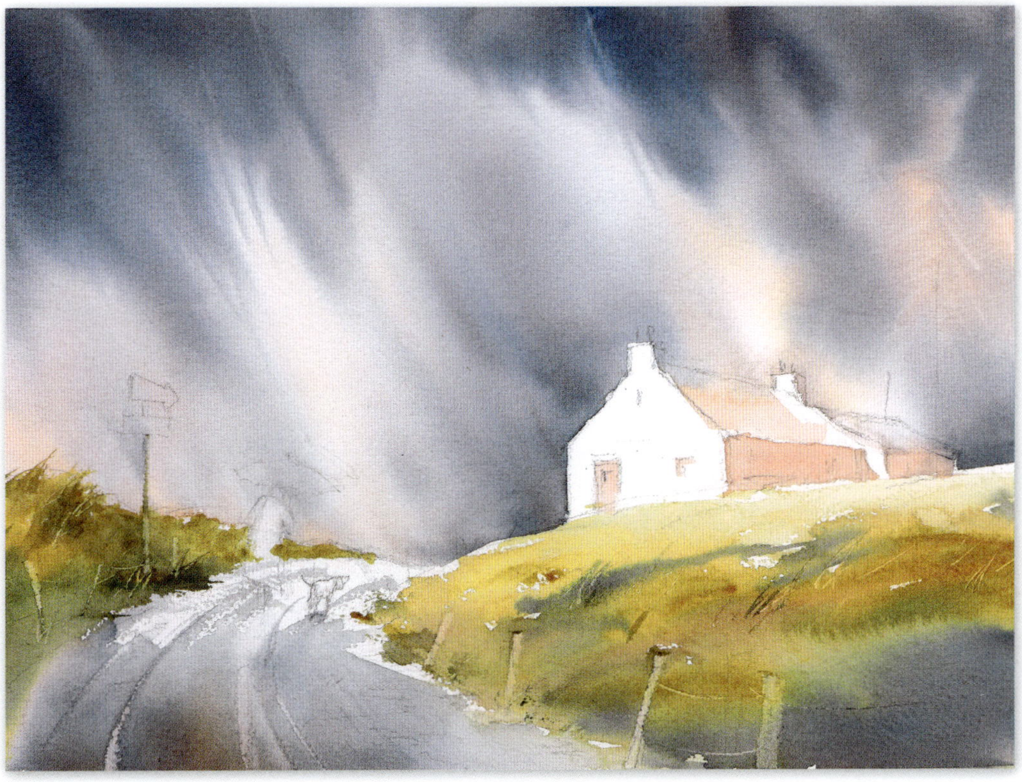

3. Schritt

Feuchte die Wiesenfläche etwas an und lasse Siena natur und Preußischblau auf dem Papier zu einer variierenden Grünmischung zusammenlaufen.
Eine Wiederholung der Himmelfarbe auf dem Weg lässt diesen feucht erscheinen.
Kratze in die noch feuchte Farbe ein paar Radspuren in den Weg und links und rechts ein paar Zaunpfosten sowie einige Gräser.
Falls nicht schon bei Schritt 2 rote Farbe aus dem Himmel hineingelaufen ist, darf der Schatten am Haus noch eine Grundierung aus zartem Rot erhalten.

4. Schritt

Die Figur mit Schirm und der Hund machen das Bild lebendiger, können aber auch weggelassen werden, wenn du damit noch unsicher bist. Das kleine Schild zeigt Richtung Haus.
Bleibe bei der Dachfarbe beim gleichen Blau und Rot. Mische sie etwas heller für den Schatten auf der rechten Hausseite.
Male dann die Fenster, die Tür, die Schornsteine und die Pfosten. Setze bei den ausgekratzten Pfosten den Strich auf die rechte Seite, sodass die Lichtseite links stehen bleibt.

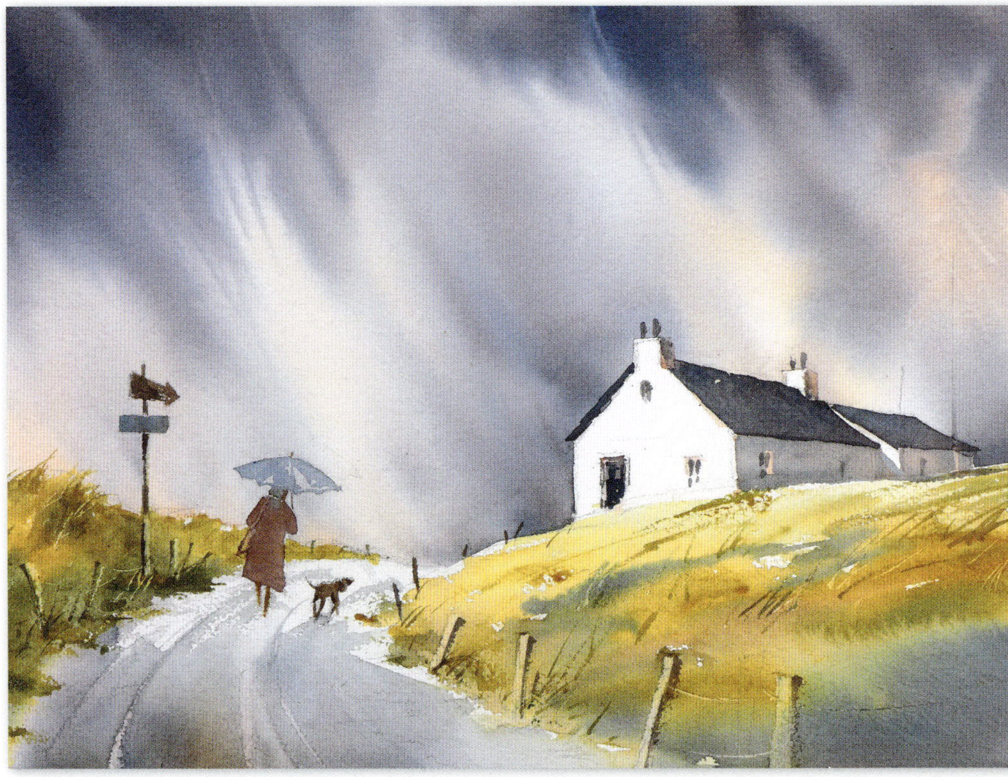

5. Schritt

Es ist hilfreich, sich sein Bild am Ende oder auch einmal zwischendurch, in Schwarz-Weiß zu betrachten. Mittlerweile hat fast jedes Handy und jede Kamera einen S/W-Modus. Die Farbe lenkt oft vom Wesentlichen, der Wirkung der Tonwerte, ab. Auch kann man das Bild so sehr gut mit der Tonwertskizze vergleichen. Sieht dein Bild auch in Schwarz-Weiß gut aus, hast du bereits gewonnen!

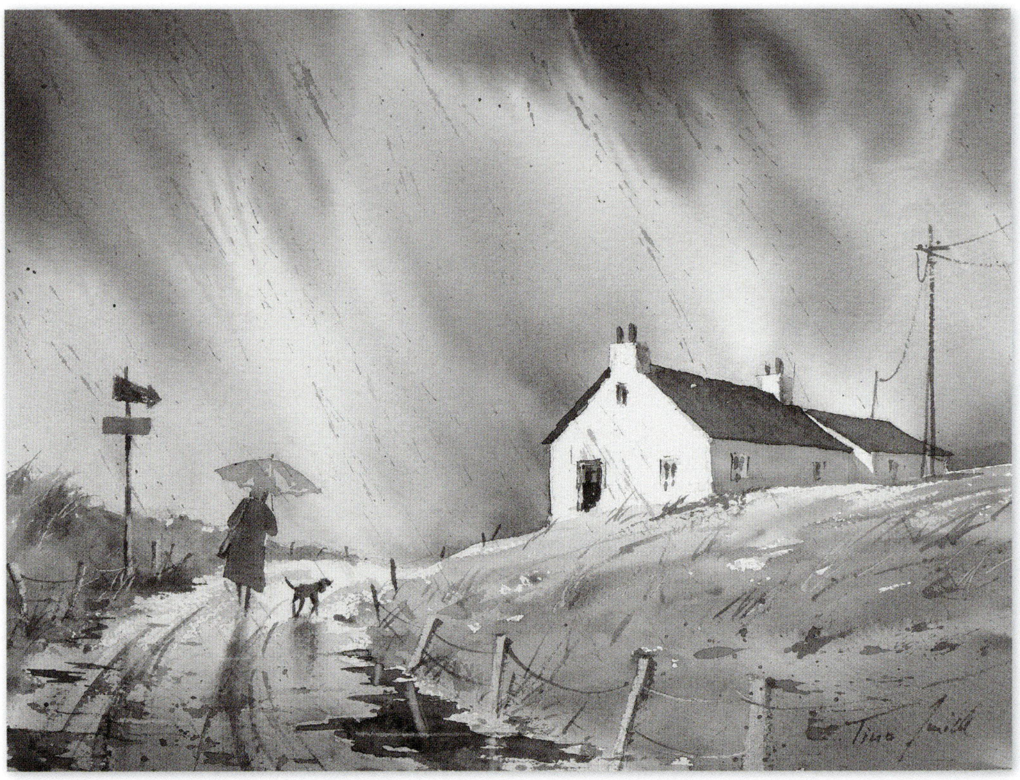

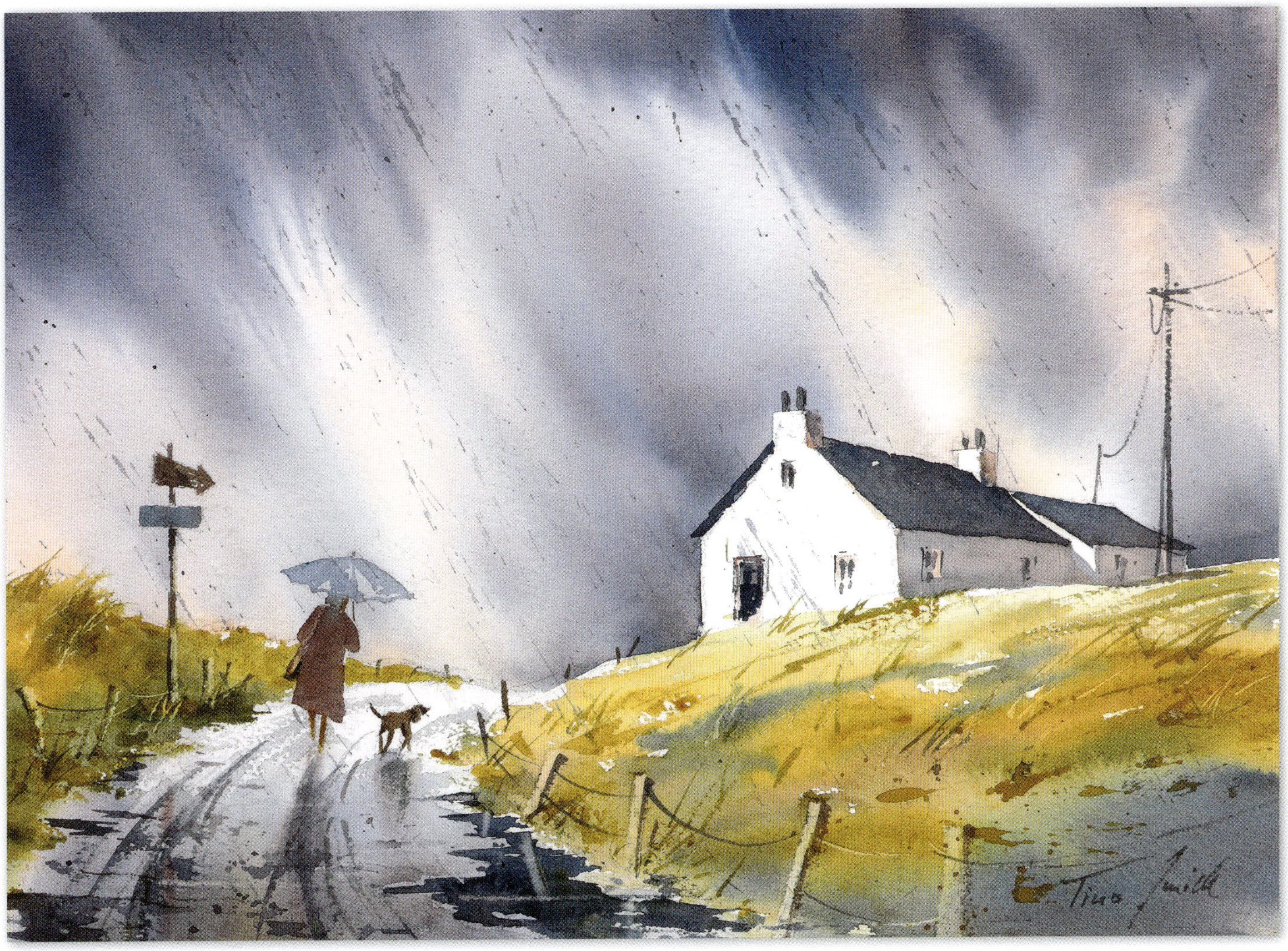

Fertiges Bild

Wenn du die Figur gemalt hast, lege unterhalb davon klares Wasser an und ziehe dann einen Strich aus der Blau-Rot-Mischung als Spiegelung gerade unter die Figur.
Die Pfützen werden horizontal und sehr flach in dunkler Farbe (wieder die Blau-Rot-Mischung) auf den Weg gelegt. Deute in den Pfützen eventuell die Spiegelung der Pfosten an.
Füge dann den Strommast ein und spritze ganz zum Schluss den Regen auf. Achte darauf, dass die Spritzer in die gleiche Richtung verlaufen wie deine Regenwolken. Ich nehme dafür meinen alten Rundpinsel, den ich gegen meinen Zeigefinger klopfe. Je nachdem, wie stark und in welchem Winkel ich klopfe, werden die Spritzer kleiner, größer, länger oder kürzer. Manche nehmen dafür auch eine alte Zahnbürste. Probiere aus, womit es dir besser gelingt.

Tipp: Übe das Spritzen des Regens vorher auf einem separaten Blatt Papier und gehe erst in das Bild, wenn du dich sicher damit fühlst.

Regenschauer über Hiddensee

Du brauchst:

Aquarellpapier Arches Feinkorn, 300 g/m²

Aquarellfarben in

- Französisch Ultramarin
- Coelinblau
- Kobalttürkis
- Caput Mortuum
- Siena natur
- evtl. Titanweiß

Pinsel s. S. 8

Malspachtel

weiches Schwämmchen

Dramatische Wolkenberge, Gegenlicht, viel Wind und glitzerndes Wasser machen den Charme in diesem Motiv aus: der hellblaue Himmel, die weißen Wolkenränder und die dunkleren Regenwolken.
Man darf nicht zu steif an den Aquarellhimmel herangehen und muss immer offen bleiben für das, was auf dem Papier passiert.
Diese Demonstration ist ein gutes Beispiel dafür, dass auch bei erfahrenen Aquarellisten mal etwas daneben geht. Und wie sagt man doch so schön: Aus Fehlern kann man viel lernen!

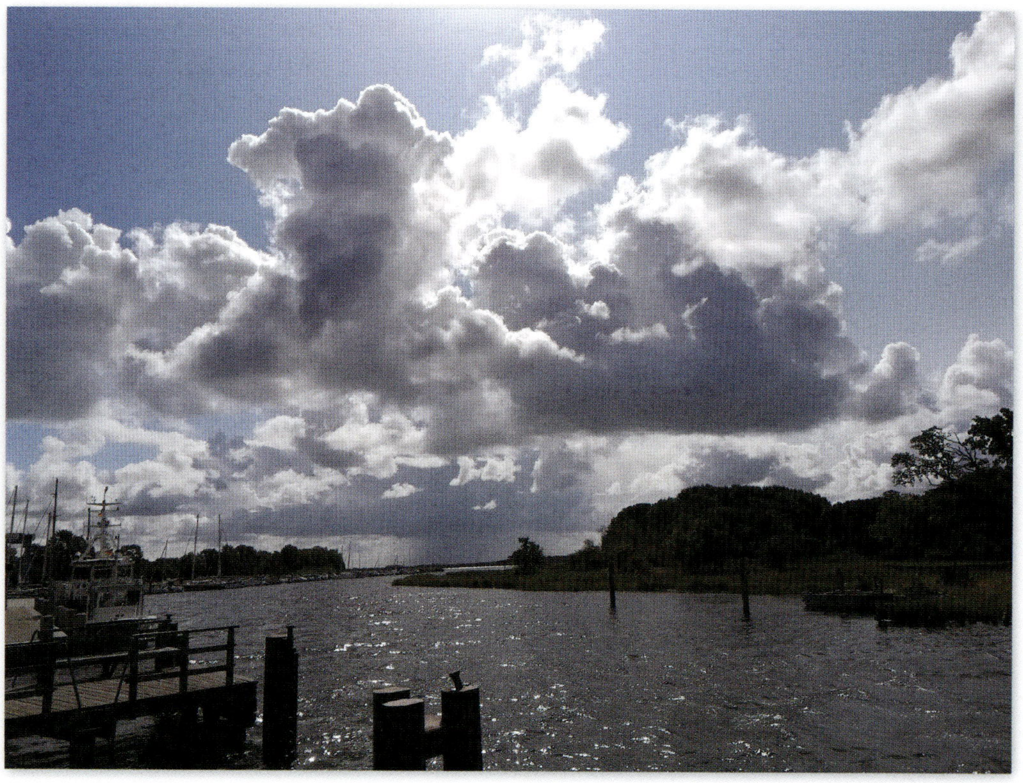

Motivvorlage

Man kann die Komposition vereinfachen und die Stege sowie das größere Boot links weglassen. Ich persönlich finde Segelboote viel malerischer als Motorboote. Aus diesem Grund habe ich das Boot rechts hervorgehoben und das linke untergehen lassen. Der Hafen ist voller Boote, aber es reicht, einige wenige zu malen, um die Geschichte zu erzählen.

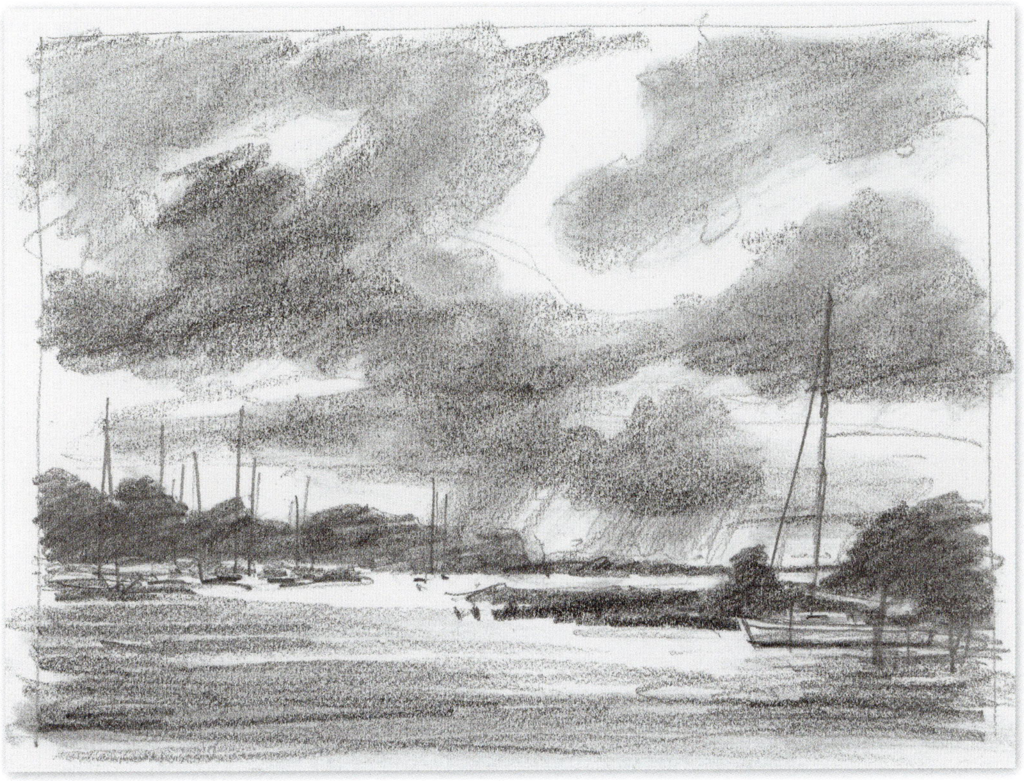

1. Schritt

Plane den Horizont im unteren Drittel, er sollte keinesfalls in der Mitte sitzen.
Die dunklen Bäume und der Hügel im Hintergrund erfüllen zwei Zwecke: erstens den Himmel vom Wasser zu trennen und zweitens das Wasser glitzern zu lassen.
Helligkeiten leuchten nur, wenn es auch Dunkelheiten als Kontrast daneben gibt.
Die größere Wolke links ist das Gegengewicht zum Segelboot rechts.
Trotz Planung läuft es mit den Wolken aber oft anders, Aquarell eben.

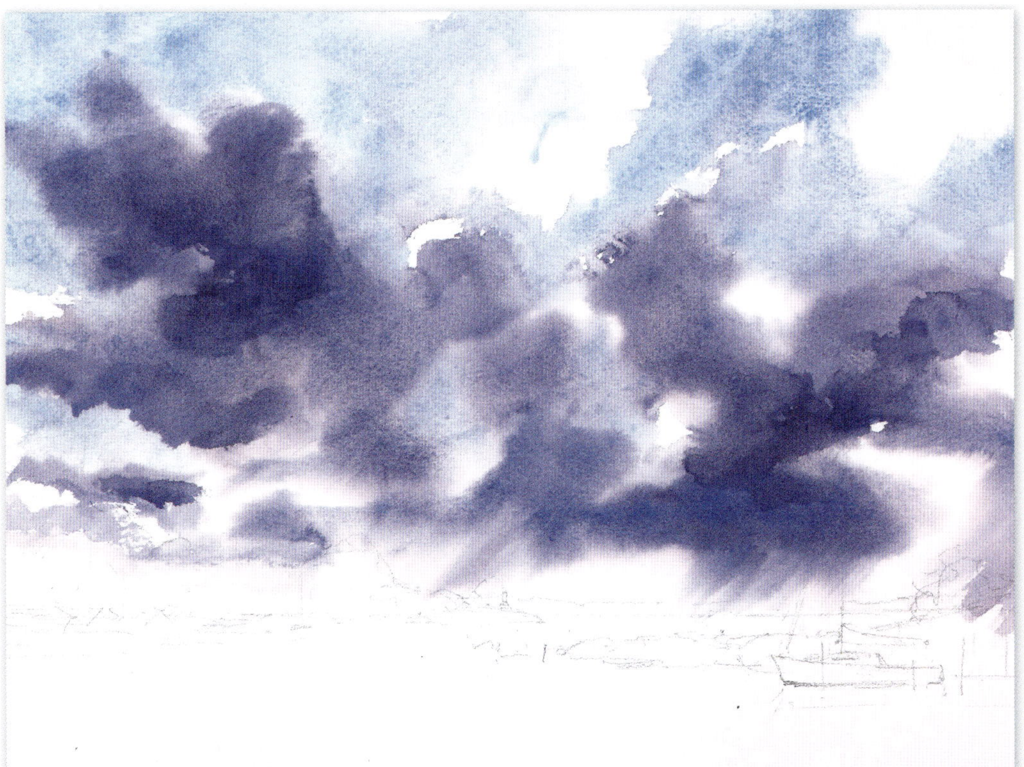

2. Schritt

Feuchte das Papier am Horizont und an einige Stellen oben an, sodass noch trockene Bereiche bleiben. Plan ist es, eine Mischung aus harten und weichen Rändern zu erreichen. Beginne mit den Regenwolken (Französisch Ultramarin, Coelinblau und Caput Mortuum) kurz über dem Horizont und ziehe die Farbe in ein paar Streifen hinunter bis zum Horizont, um es dort regnen zu lassen. Ziehe die Wolke dann nach oben in den Himmel. Male mit Coelinblau die helleren Himmelpartien um die Wolken herum.

3. Schritt
Wenn dir deine Wolken gefallen und du mit deinem Himmel zufrieden bist, kannst du gleich zu Schritt 5 übergehen. Mir waren hier die Wolken zu dunkel geraten. Wenn das passiert oder deine Wolken zu eckig und kantig geworden sind, nimm ein weiches Schwämmchen und wasche den Himmel mit leichten, kreisenden Bewegungen unter dem Wasserhahn ab. Das kann partiell geschehen oder du kannst den ganzen Himmel abwaschen. Da die Farbe noch frisch ist, lässt sie sich relativ gut lösen.

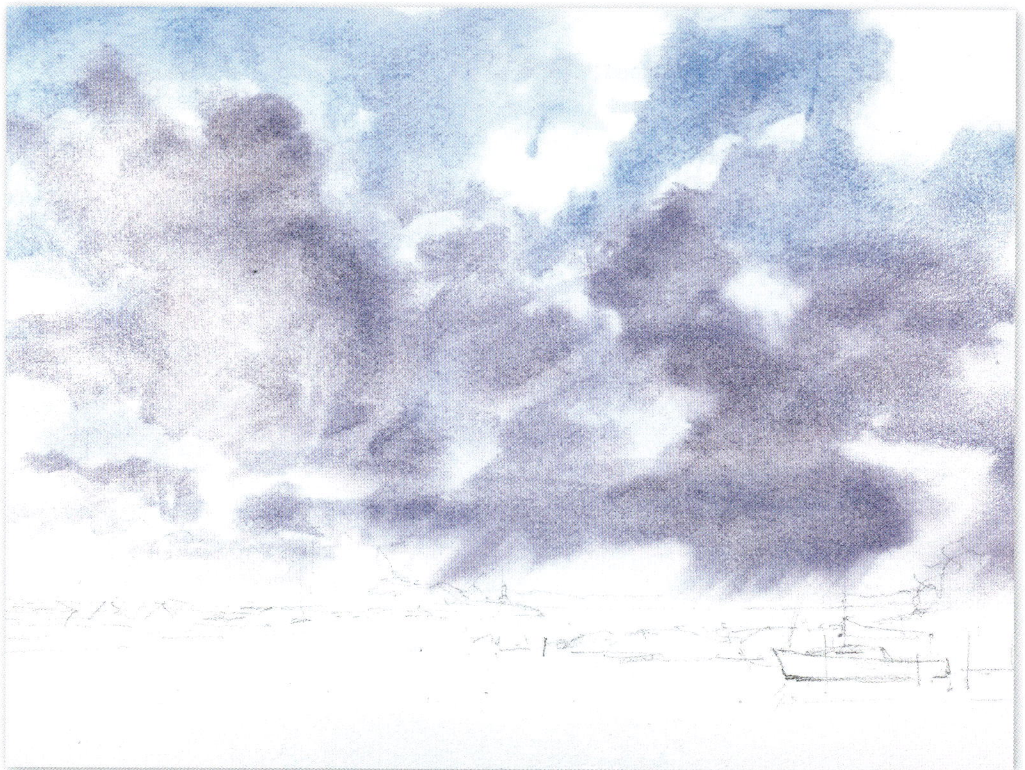

4. Schritt
Lasse das überschüssige Wasser ablaufen. Du kannst nun auf dem feuchten Papier weiterarbeiten oder erst alles trocknen lassen und Schritt 2 wiederholen. Hier geht es auf feuchtem Papier mit den gleichen Farben wie zuvor weiter. Male zuerst wieder die dunkle Wolke mit Regen am Horizont, ziehe sie dann nach oben und lege den hellen Himmel mit Coelinblau an. Nun sind weichere Ränder entstanden, aber - was soll's, solange es in sich stimmig ist, darf man ruhig einmal vom Plan abweichen.

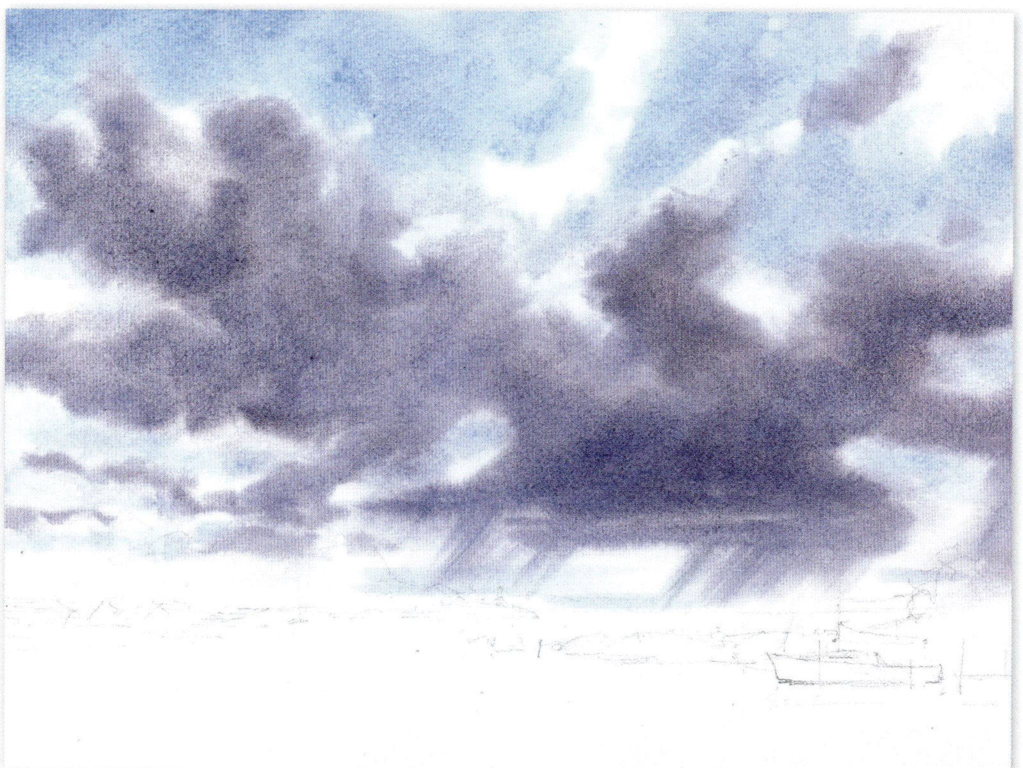

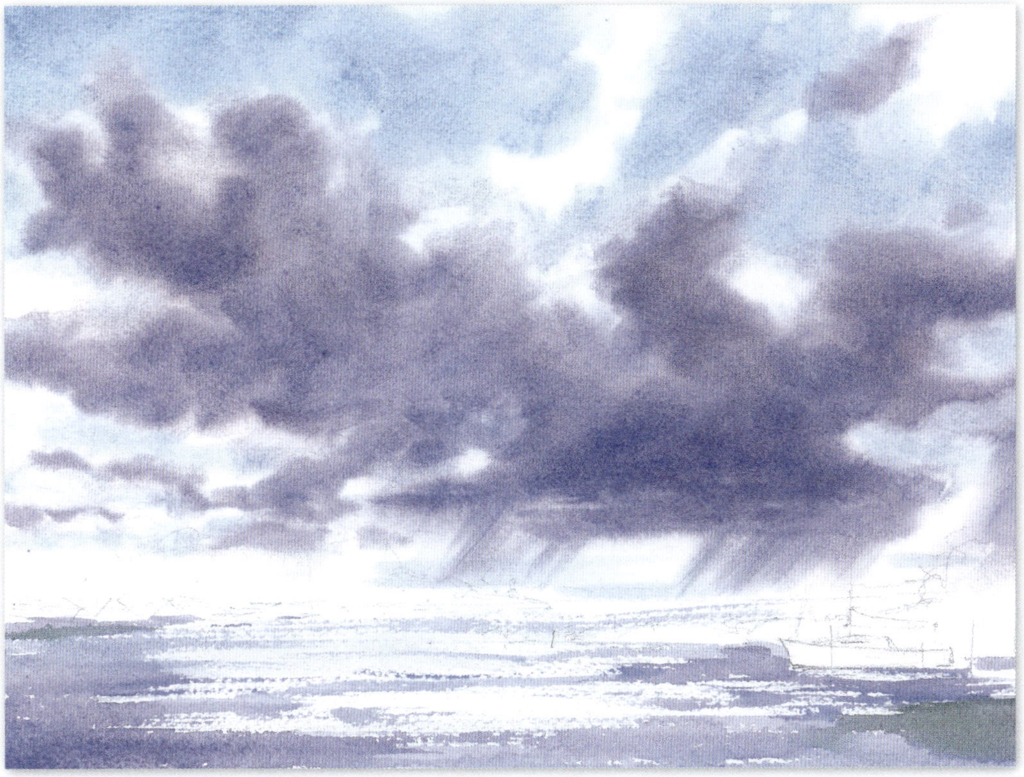

5. Schritt

Bleibe bei der gleichen Farbe wie für den Himmel bzw. die Wolken, um das Wasser zu malen. Wasser ist farblos und spiegelt immer die Farben wider, die es umgeben.
Halte den Pinsel relativ trocken und ziehe ihn parallel zum Papier über die raue Körnung des Papiers. Dadurch, dass der Pinsel nur die Oberfläche des Papiers berührt und nicht die Vertiefungen, entsteht der Effekt des Glitzerns auf dem Wasser.
Links und rechts am Bildrand darf es dunkler werden, zur Mitte hin bleibt mehr Licht.

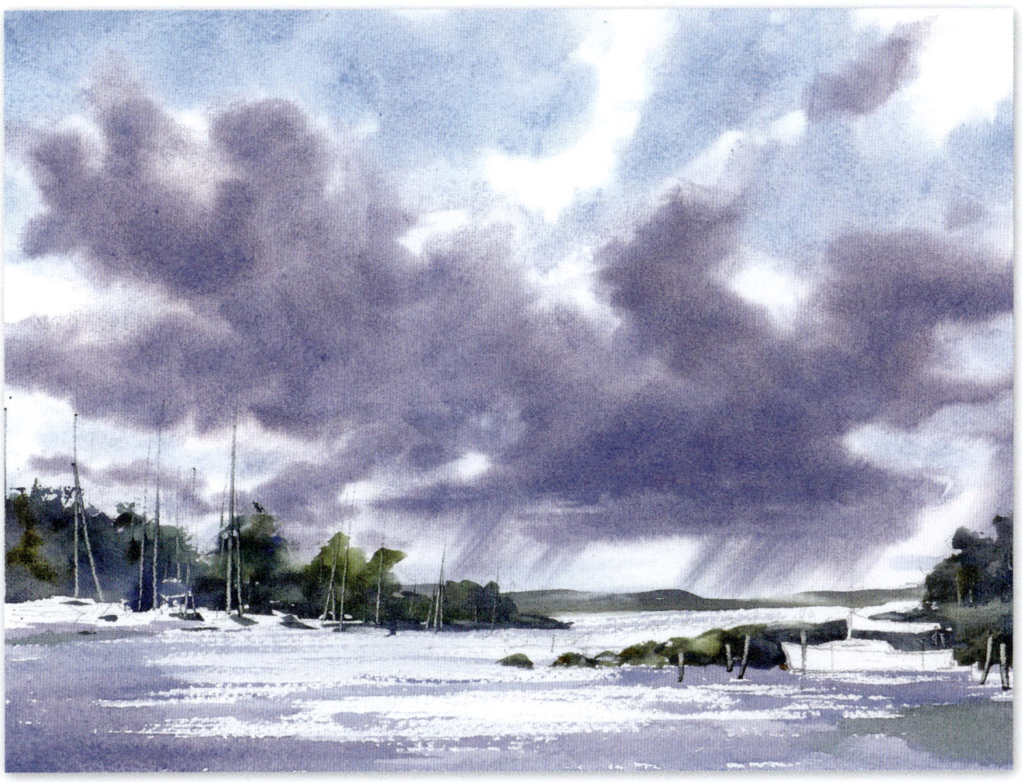

6. Schritt

Mische für die Bäume Französisch Ultramarin, Coelinblau und Siena natur in unterschiedlichen Anteilen, sodass nicht alle Bäume die gleiche Farbe bekommen. Beginne mit dem Hügel im Hintergrund und male dann die vorderen Grünflächen. Spare links für die Andeutung von kleineren Booten ein paar Flecken aus und lasse rechts das Segelboot als negative Form stehen. Gerade bevor der Glanz vom Papier verschwindet, kratze die Bootsmasten von unten nach oben aus den Bäumen. Gehe bei den Pfosten rechts genauso vor.

Detail 1

Im Detail 1 sieht man noch einmal schön die Farbkleckse und die ausgekratzten Masten. Der Betrachter fügt die Kleckse und Striche in seiner Vorstellung zu Booten zusammen. Sollte es mit dem Kratzen in die feuchte Farbe nicht geklappt haben, kannst du die Masten auch zum Schluss mit Titanweiß und dem Schlepper malen. Mit Titanweiß ist es auch möglich, das Sonnenglitzern ins Wasser zu malen, falls es in Schritt 5 verloren gegangen ist.

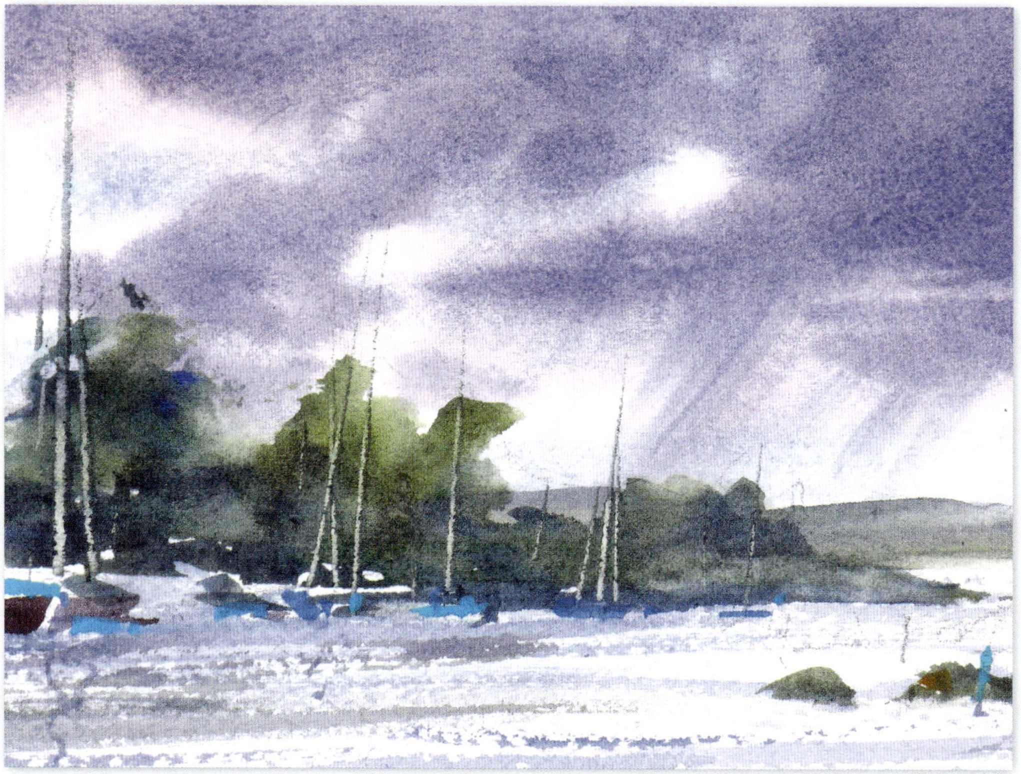

Detail 2

Der Regen fällt in feinen Strichen aus der unteren Wolke. Hier sieht man im Detail, dass die hinteren Hügel mit dem Pinsel etwas ausgewaschen wurden. Das lässt sie noch weiter in die Ferne rücken und schafft die Illusion von Dunst in der Distanz.
Die Takelage des Segelbootes sollte feiner sein als der Mast und das zusammengerollte Frontsegel. Dafür ist der Schlepper fast trocken, enthält nur wenig Farbe und es darf nur die Spitze des Pinsels das Blatt berühren.

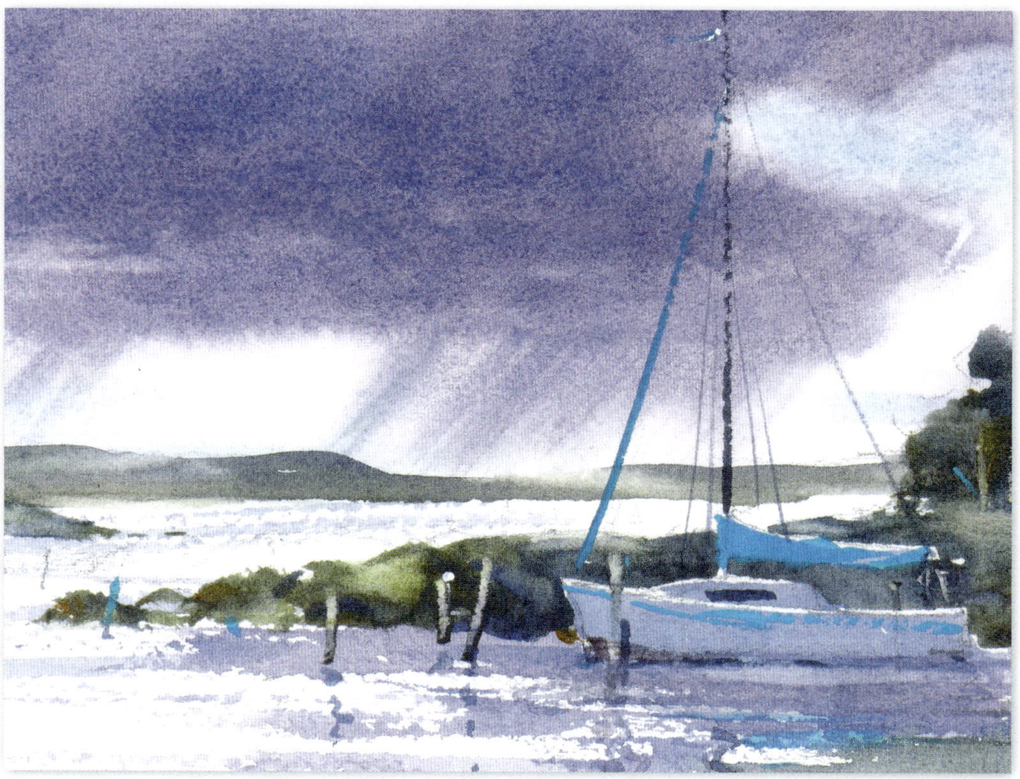

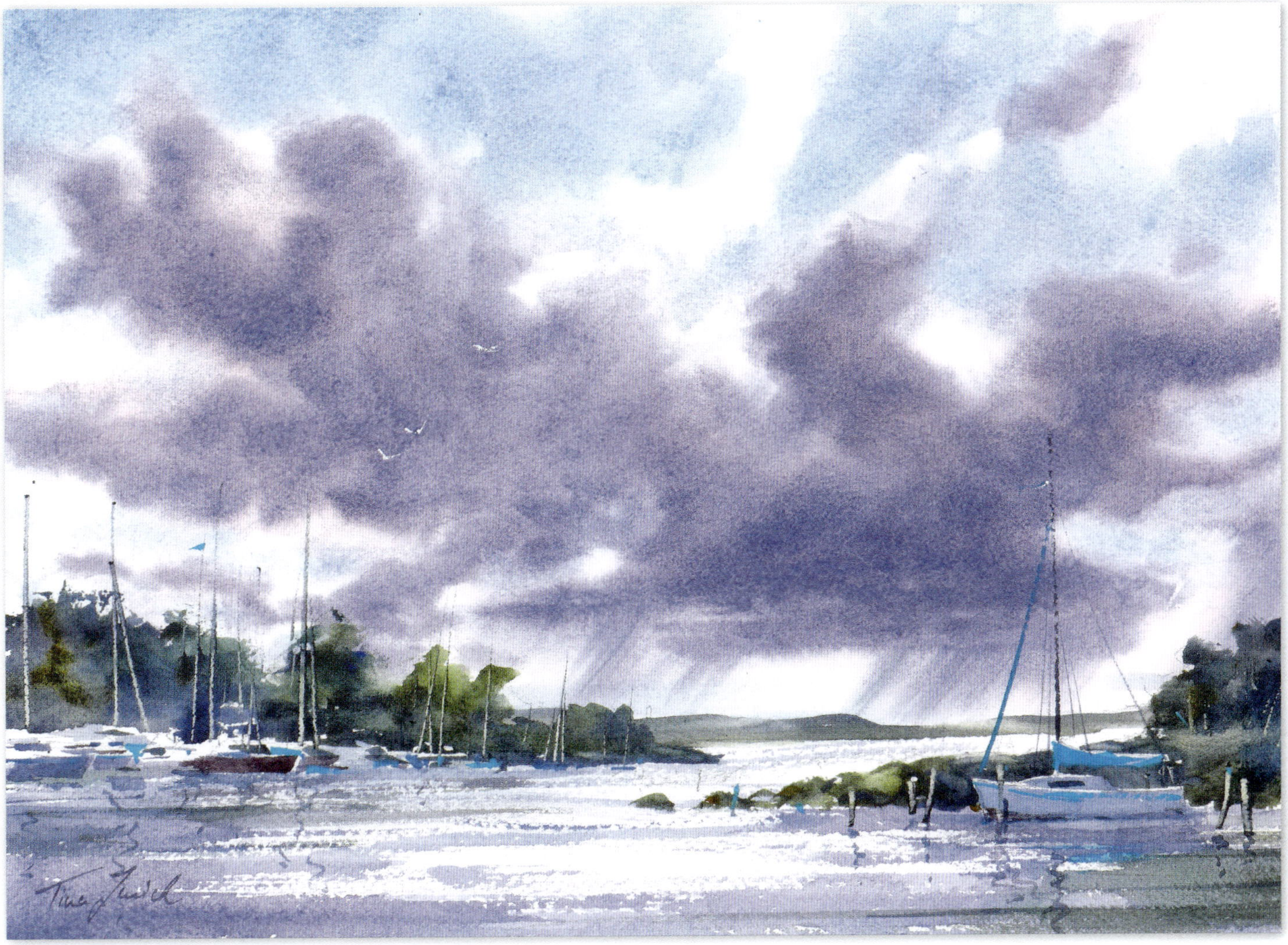

Fertiges Bild

Gib dem Segelboot rechts einen leichten Schatten in der Wolkenfarbe. Es genügen ein paar Farbkleckse Türkis, Caput Mortuum und Französisch Ultramarin unterhalb der ausgekratzten Masten, um die kleinen Boote anzudeuten.

Ziehe mit dem Schlepperpinsel den Mast des rechten Bootes ein und deute ein paar Leinen an.

Zum Schluss werden noch Kajüten-Fenster und die Spiegelung der Masten angedeutet, ein Strich Türkis auf den Bootsrand platziert und die drei Vögelchen mit Deckweiß in den Himmel gesetzt.

Tipp: Wenn du merkst, dass du zögerst, solltest du sofort aufhören zu malen. Lasse das Bild ein paar Tage lang liegen und betrachte es dann mit einem „frischen“ Blick. Fehler merkt man dann meist sofort, und wenn einem nichts Störendes auffällt, dann ist es fertig.

Irgendwo im Nirgendwo

Du brauchst:

Aquarellpapier Arches Feinkorn, 300 g/m²

Aquarellfarben in
- Siena natur
- Lasurorange
- Französisch Ultramarin
- Grünoliv

Pinsel s. S. 8

Malspachtel

evtl. Maskierflüssigkeit

Bei zart gemalten Himmeln kommt kein Sturm auf. Für schwere, bedrohliche Wolken muss man ordentlich Pigment auf den Pinsel laden. Das ist im Aquarell nicht immer so einfach, da die Farbe oftmals mit zu viel Wasser verdünnt wird und dann zu hell auftrocknet. Daher ist es von Vorteil, mit Tubenfarben zu arbeiten. Sie kommen weich aus der Tube und müssen nicht, wie bei Näpfen, mit viel Wasser aufgelöst werden.
Da ich seit vielen Jahren die gleiche Farbpalette benutze, kenne ich meine Farben und deren Mischungen sehr gut. Wenn ich mir bei einem Motiv mal nicht sicher bin, welche Farben ich wählen soll, setze ich verschiedene Farbkleckse auf einem Stück Aquarellpapier nebeneinander. Dann entscheide ich aus dem Bauch heraus, welche Farben-Kombination mich am meisten anspricht. Vertraue deinem eigenen Farbgefühl und traue dich, auch andere Farben als die hier vorgeschlagenen zu nehmen.

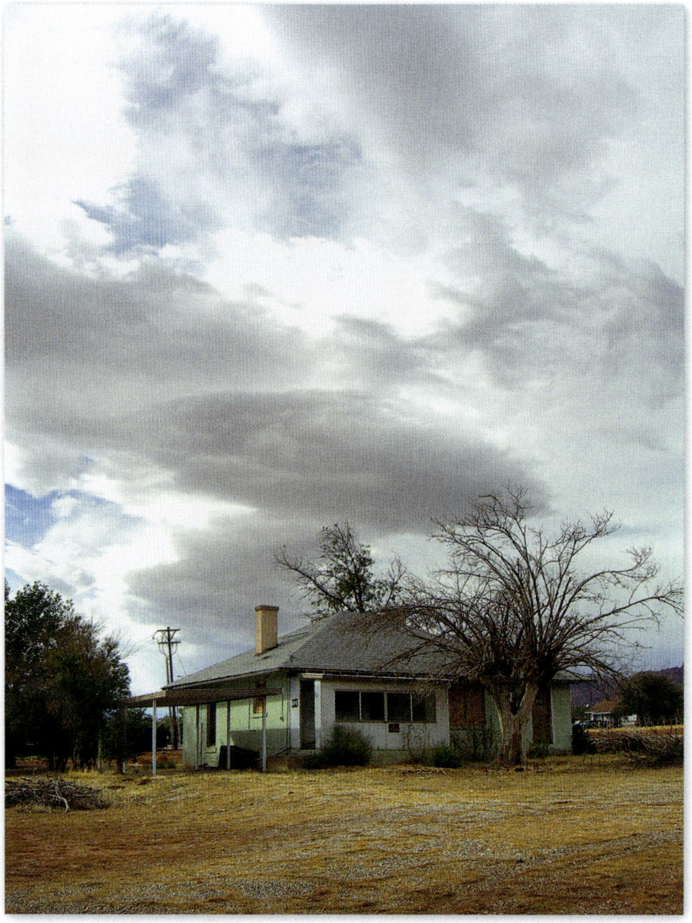

Motivvorlage
Diese baufällige, verlassene Hütte habe ich irgendwo im Nirgendwo in den Weiten von Utah fotografiert. Selbst der Baum davor scheint abgestorben zu sein. Im Hintergrund braut sich langsam etwas zusammen. Noch scheint etwas Sonne – die Ruhe vor dem Sturm. Der Carport macht sich besser als Dachanbau am Haus, um eine zusammenhängende Form zu schaffen. Fühle dich in die Stimmung ein.

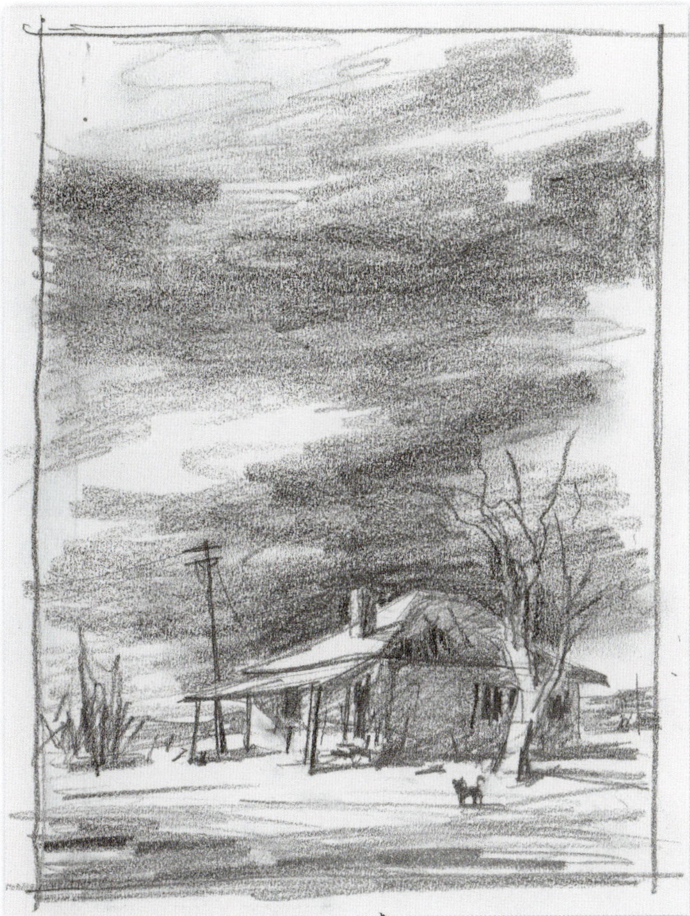

1. Schritt
Du sparst dir zwar Arbeit, wenn du mit meiner Tonwertskizze arbeitest, aber dir werden die Arbeitsschritte und der Malprozess viel bewusster, wenn du deine eigene Tonwertskizze anfertigst. Gut geplant ist halb gemalt!
Lege in deiner Tonwertskizze die Schatten ganz bewusst an, damit du dich später beim Aquarell leichter tust.
Das Licht kommt von links und somit ist die linke Hausseite in der Sonne und die rechte Seite liegt im Schatten. Der Schatten der Vordachpfosten verbindet sich mit dem Hauptschatten des Hauses. Ein Vordergrundschatten konzentriert das Licht auf die Hütte.
Der Baum rechts unten sollte heller sein, um die dunkle Hausseite zu brechen. Oben darf er dunkler werden. Reduziere den Hintergrund auf einen einfachen Hügel.

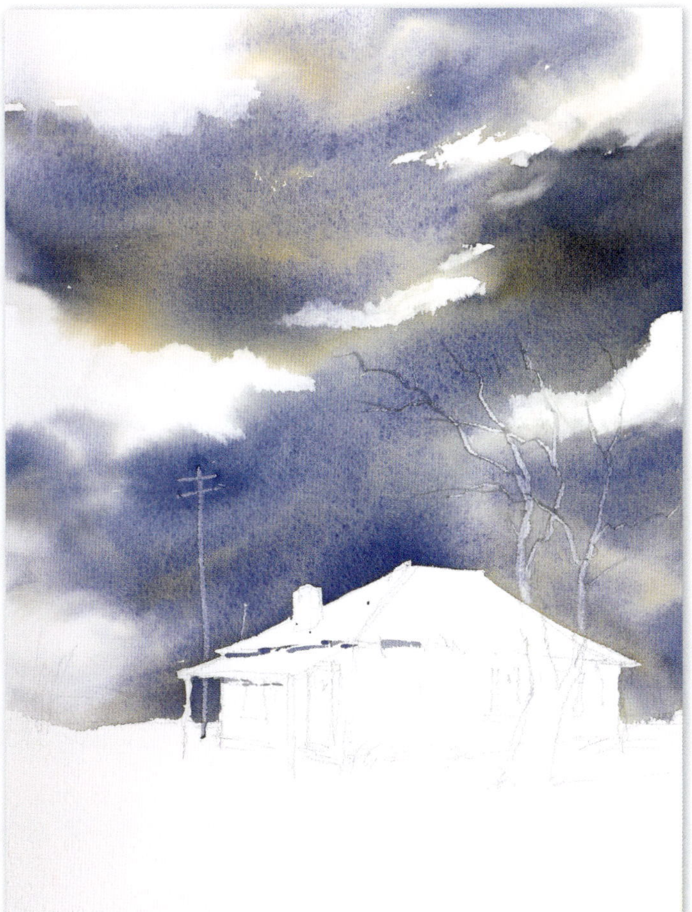

2. Schritt
Mische auf deiner Palette ordentlich Französisch Ultramarin an. Gib etwas Lasurorange dazu, aber vermische die beiden Farben nicht ganz.
Feuchte die Himmelfläche mit klarem Wasser an und beginne, die dunkle Wolke um das Haus zu malen. Damit wird bereits die Silhouette des Hauses herausgearbeitet. Ziehe die Wolke nun in diagonalen Schwüngen nach oben und achte darauf, die Wolke links und rechts nicht an der gleichen Stelle aus dem Bild laufen zu lassen.
Sollte dir das Negativ-Malen, das heißt, das Aussparen der weißen Formen, noch Schwierigkeiten machen, kannst du das Dach, den Schornstein und auch den Strommast mit Maskierflüssigkeit abdecken.

3. Schritt

Gemalt wird von großer nach kleiner Fläche, von Hintergrund nach Vordergrund und von großen Formen zu den kleinen Details.

Wenn du den richtigen Zeitpunkt erwischst, kannst du ein paar Äste und den Strommast mit der Malspachtel in den Himmel kratzen. Vorsicht, dass du beim Mast nicht durch das Vordach kratzt, denn er steht dahinter. Gelingt das nicht, kannst du den Mast später auch mit dunkler Farbe einmalen.

Färbe die Hütte mit Siena natur und Olivgrün ein, aber spare dabei die Fenster, die Tür und den Baum aus. Der Vordergrund darf eine leichte Grund-Lasur aus allen vier Farben bekommen. Lege dabei die Farben nebeneinander auf das angefeuchtete Papier und lasse sie ineinander laufen.

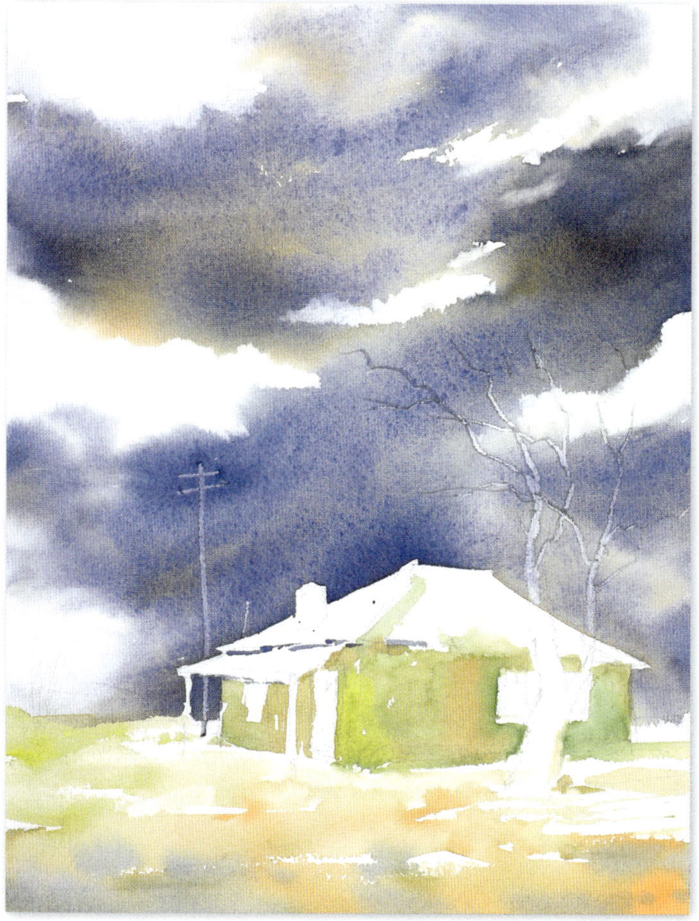

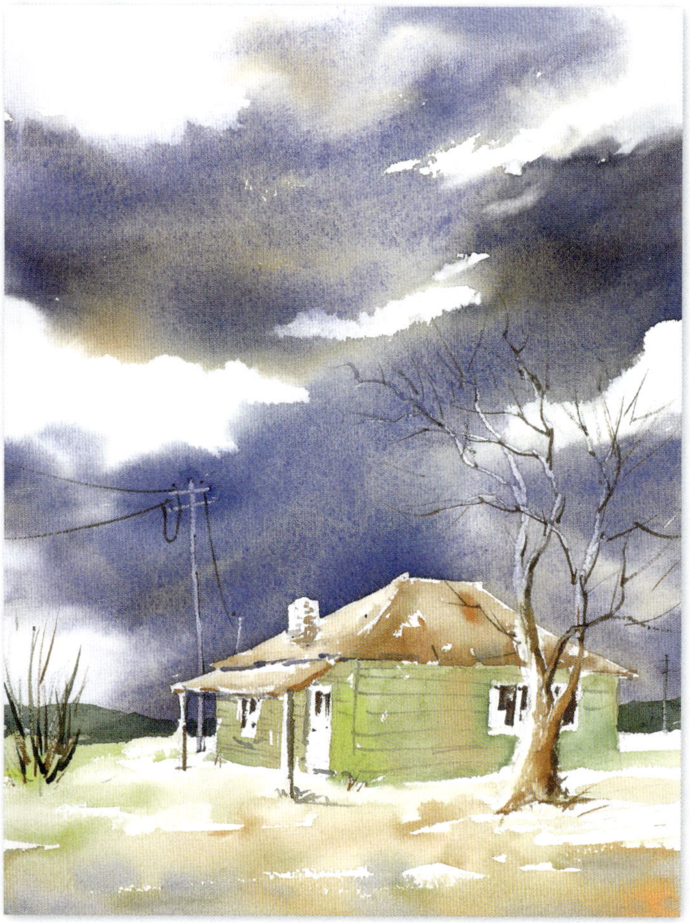

4. Schritt

Der Hintergrundhügel gibt der Szene Tiefe. Wenn du Farbe magst, darf das Dach auch nur Lasurorange sein. In meinem Bild habe ich es mit Französisch Ultramarin abgetönt.

Setze die Fenster und die Tür ein. Es folgen die Vordachpfosten und der alte Baum.

Für die feinen Äste eignet sich am besten der Schlepperpinsel. Verwende den Schlepper ebenfalls, um den kleinen Busch links und die feine Stromleitung zu malen.

Der Pinsel-Schwung funktioniert besser aus dem Handgelenk heraus, ohne die Hand aufzulegen.

Selbst nach so vielen Jahren „schwinge“ ich mich bei Stromleitungen immer erst mit dem Pinsel auf einem separaten Blatt Papier ein.

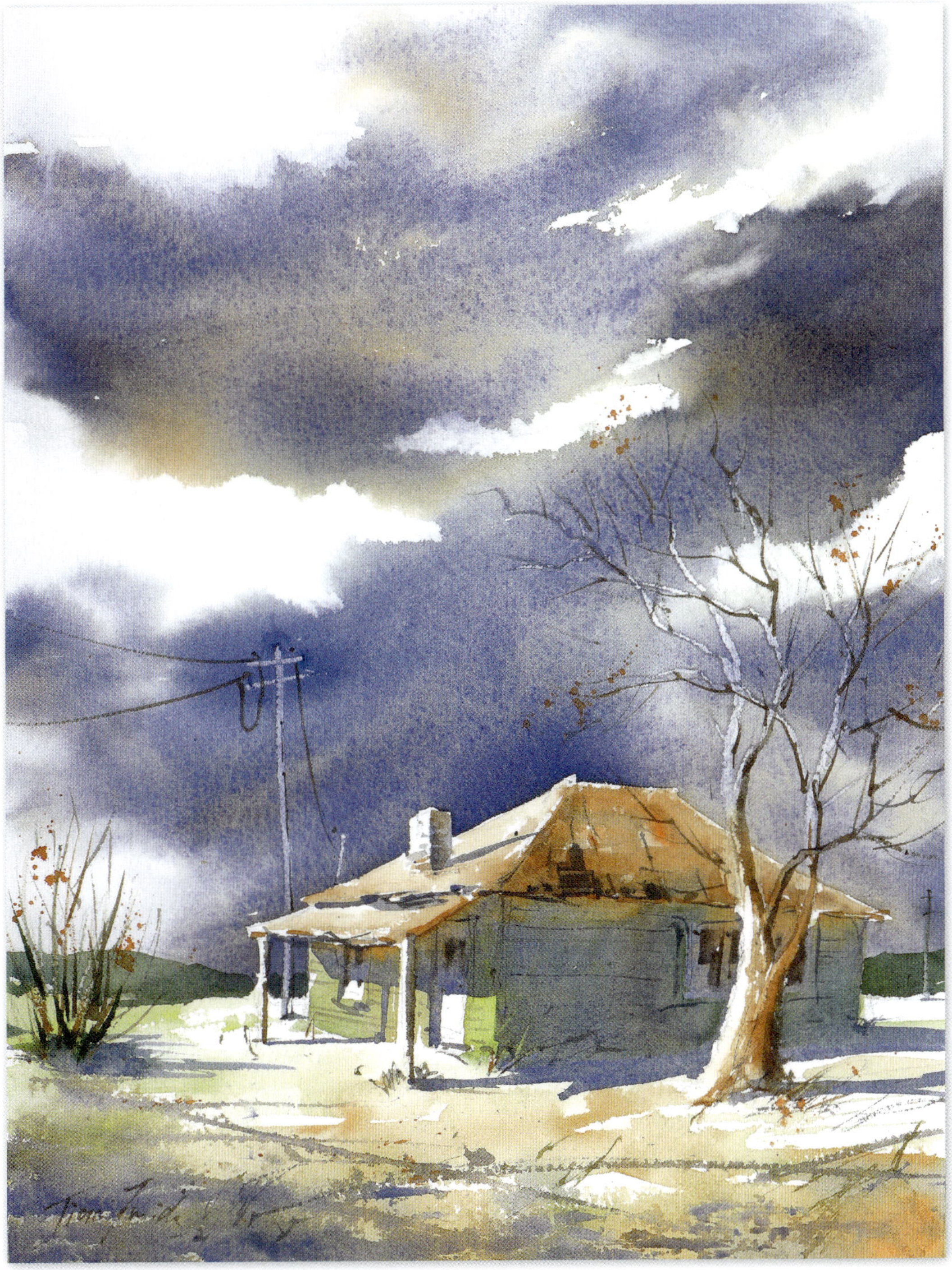

Fertiges Bild

Die Himmelfarbe, Französisch Ultramarin gemischt mit etwas Lasurorange, wird auch als Schattenfarbe verwendet. Sollte der Vordergrundschatten zu hart werden, sprühe ihn etwas mit der Sprühflasche an.
Einige Spritzer Lasurorange deuten die letzten Blätter an den Bäumen an, dann sehen sie nicht ganz abgestorben aus.
Vielleicht hast du Lust, noch die Katze, die auf meiner Tonwertskizze zu sehen ist, hinein zu pinseln. Ich hatte sie dann doch weggelassen, weil die Hütte dann verlassener wirkt.

Tipp: Einer meiner Lehrer sagte einmal zu mir: Packe nicht die Dekoration auf den Kuchen, so lange er noch im Ofen ist! Details möglichst zum Schluss einfügen und diese gezielt am Fokuspunkt einsetzen. Vielleicht hätte ich die Katze doch dazu malen sollen…?

Das Kirchlein St. Nikolaus

Du brauchst:

Aquarellpapier Arches Feinkorn, 300 g/m²

Aquarellfarben in
- Coelinblau
- Preußischblau
- Kadmiumrot
- Siena natur

Pinsel s. S. 8

Malspachtel

Es ist selten, dass ich einen Himmel mit Rücklauftechnik bewusst anlege. Meist passiert so ein Himmel, wenn aus Unachtsamkeit ein Tropfen Malwasser in den Himmel fällt und man sich dann etwas einfallen lassen muss, um das Bild zu retten.
Auf die hier beschriebene Technik kannst du jedes Mal zurückgreifen, wenn das Papier zu schnell trocknet und du mit zu viel Wasser im Pinsel in den Himmel malst. Wie stark die Verläufe sind, hängt von der Feuchtigkeit des Untergrundes und von der Menge Wasser in deinem Pinsel ab. Auch hier hilft es, spielerisch an die Sache heranzugehen und mit Faszination zu beobachten, was auf dem Papier geschieht.

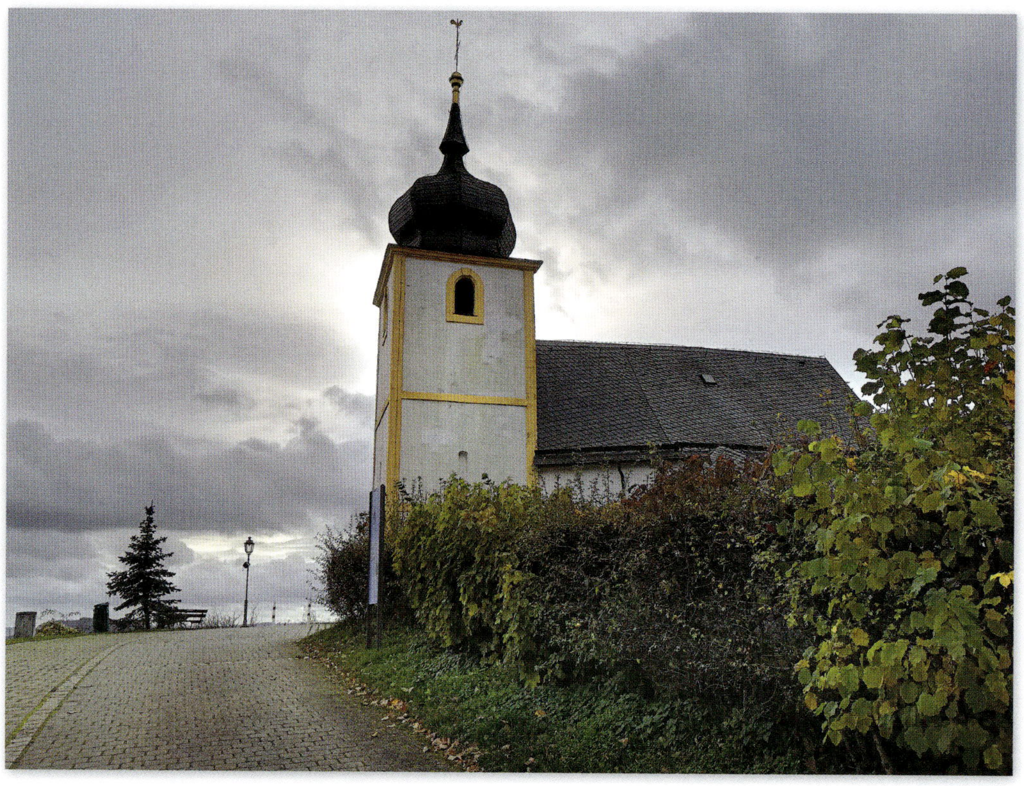

Motivvorlage
Fertige zunächst eine Tonwertskizze vom Motiv an. Der Weg geht um die Kirche herum und bleibt im unteren Drittel der Komposition. Versetze den hinteren Baum und die Laterne etwas mehr nach links. Eine Person belebt die Szene und macht die Größe der Kirche deutlich; sie darf aber auch weggelassen werden.

1. Schritt
Feuchte die gesamte Himmelsfläche an. Dabei kannst du auch über die Kuppel und das Dach malen, die beiden werden später sowieso dunkler. Mische Preußischblau mit etwas Kadmiumrot, um es abzutönen, und ziehe damit mal hellere, mal dunklere Wolken in den feuchten Himmel. Auch hier kannst du über die Kuppel malen und die Farbe auch in das Dach ziehen. Am Rand des Wegs endet der Himmel.

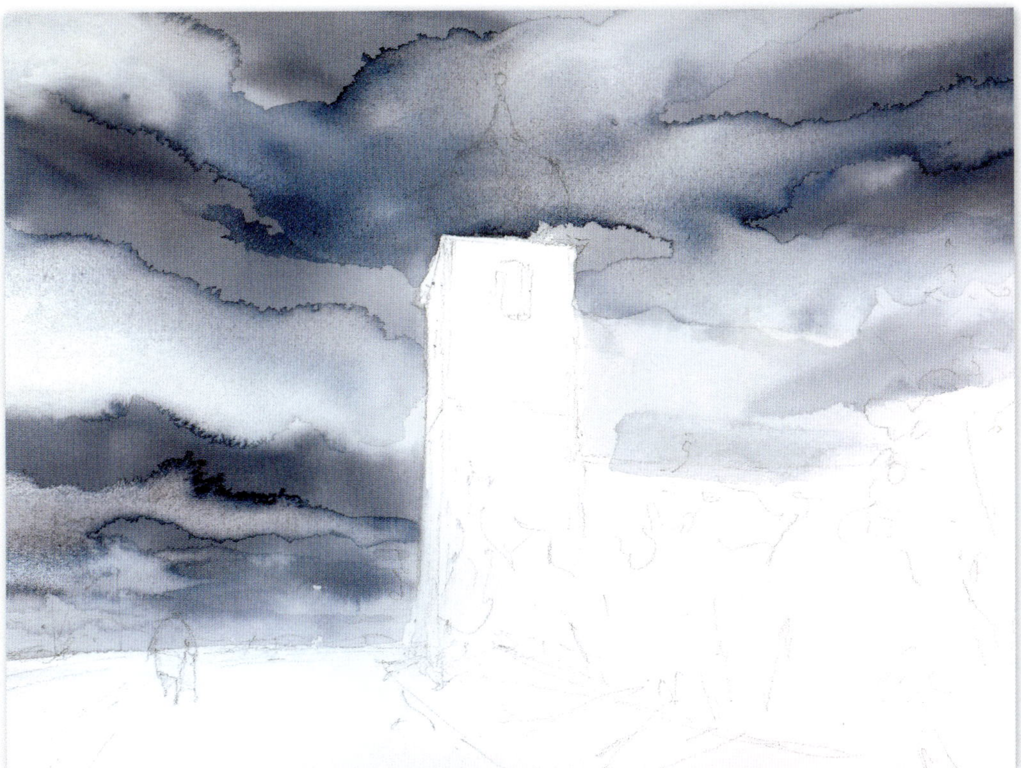

2. Schritt
Warte nun solange, bis der Himmel seinen Glanz verliert, also fast trocken ist. Ist er noch zu feucht, gibt es keine Ränder, ist er zu trocken, passiert gar nichts mehr.
Nimm nur klares Wasser in den Pinsel und lasse es zwischen die dunklen Wolken laufen. Mit der Menge Wasser in deinem Pinsel kannst du die Größe der Verläufe steuern. Lasse dich überraschen, was passiert. Das Wasser drängt nun die Farbe an den Rand der Pfütze und trocknet zu einer harten Kante auf.

3. Schritt

Mische Coelinblau mit der Wolkenmischung zu einem hellen Mittelton für den Schatten auf der rechten Kirchenseite. Lasse den Schatten nach rechts auslaufen, da noch die Bäume folgen. Male auch etwas von der gleichen Farbe vorne auf den Weg. Hinten bleibt der Weg für die Tiefenwirkung heller. Lege die Wolkenfarbe auch unten an den Ansatz der Bäume auf die Böschung für die Tiefe der Büsche, die im nächsten Schritt folgen.

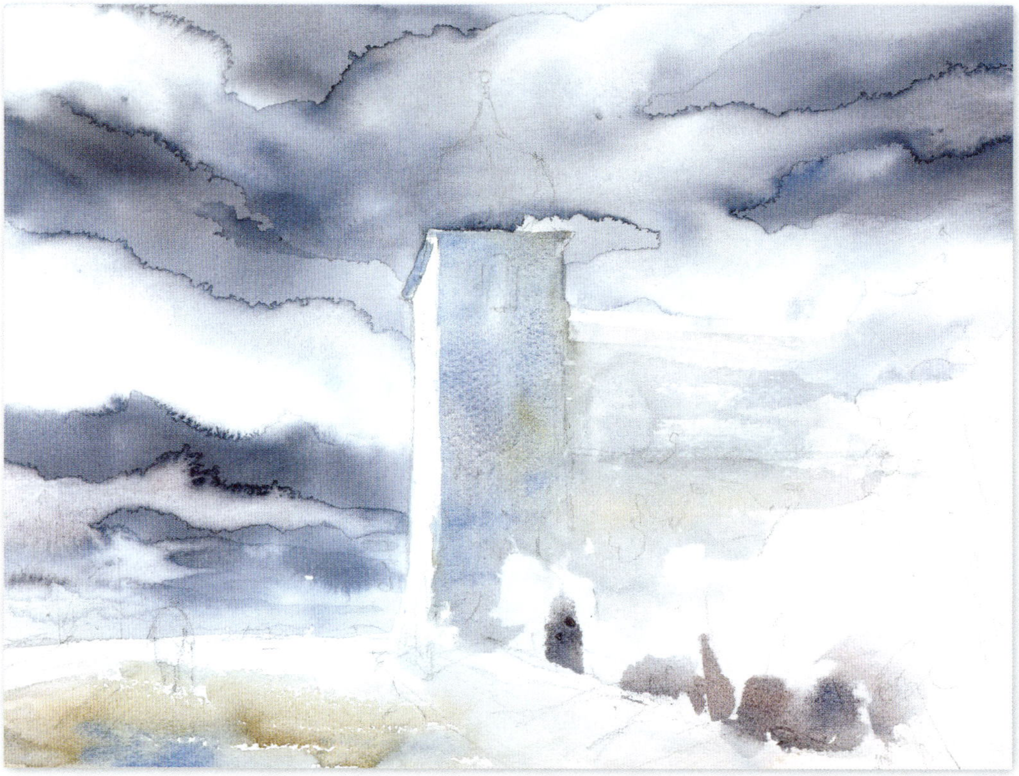

4. Schritt

Bevor du den kleinen Baum rechts malst, lege hinten noch den entfernten Hügel ins Bild. Dann folgen die Büsche rechts mit einer Mischung aus Siena natur und Preußischblau. Nimm mal mehr Gelb, mal mehr Blau, mal mehr, mal weniger Pigment, damit es kein einheitliches, langweiliges Grün wird. Kratze mit der Malspachtel ein paar Äste in die noch feuchte Farbe. Ein paar Spritzer lockern das Grün zusätzlich auf, aber du solltest vorher den Himmel abdecken.

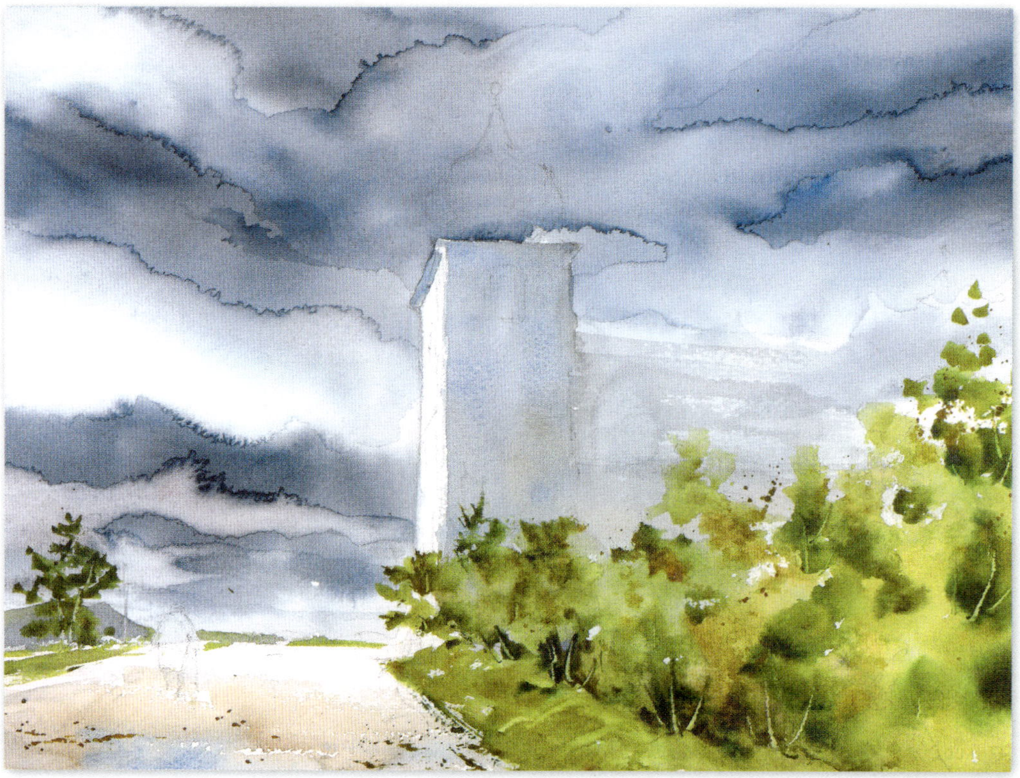

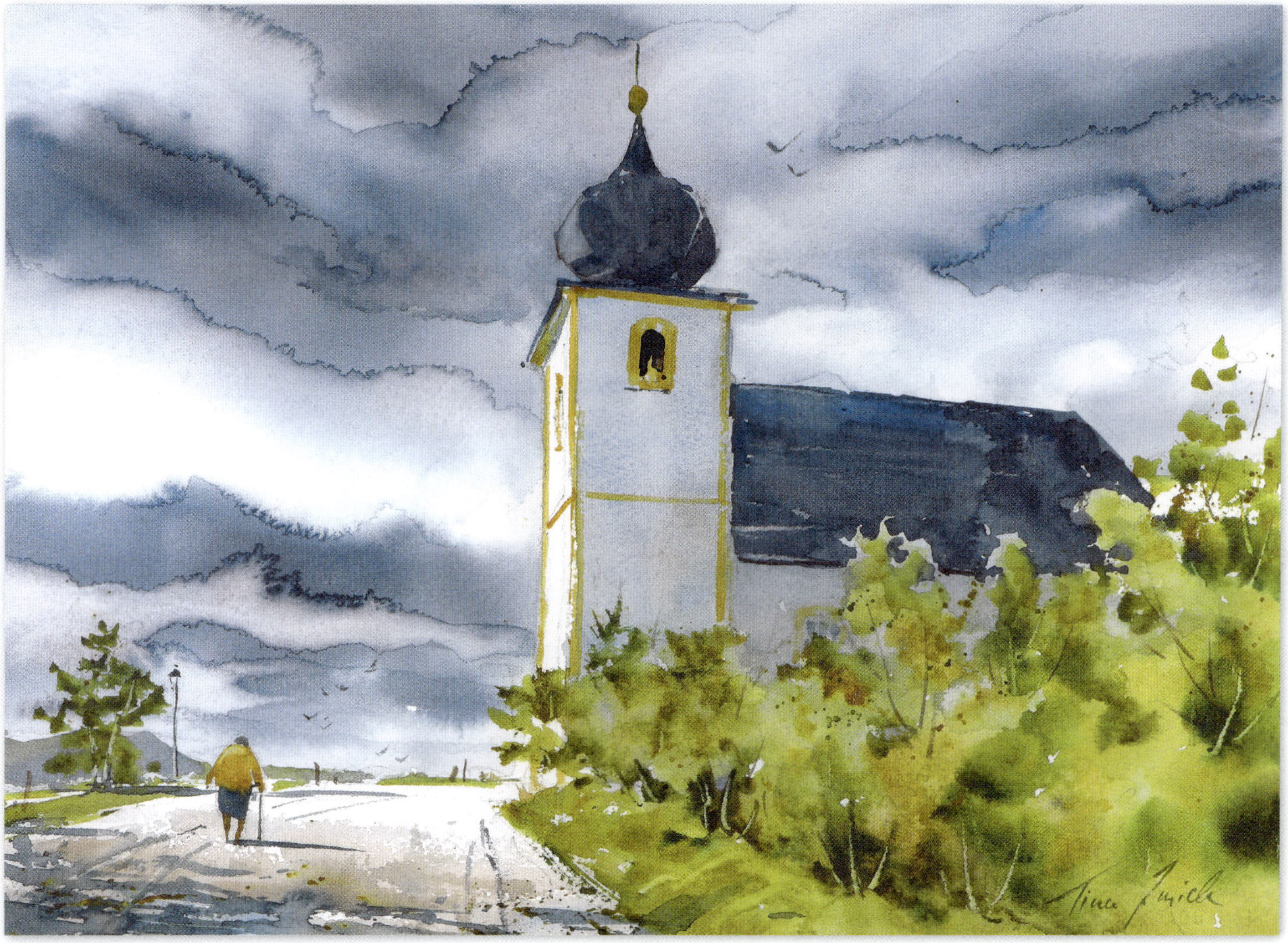

Fertiges Bild
Die Wolkenfarbe wiederholt sich nun im Dach und in dem Zwiebeltürmchen. Male dafür um die Blätter des Buschs herum. Setze die Figur ins Bild und achte auf das Größenverhältnis zur Kirche. Dann lege in der Wolkenfarbe den Vordergrundschatten, den Baumschatten und den Schatten der Figur ins Bild.
Es folgen die Randverzierungen am Kirchturm und an den beiden Fenstern in Siena natur. Zum Schluss kannst du mit dem Schlepper noch einige dunkle Äste setzen und, je nach Geschmack, ein paar Vögel vorbeiziehen lassen.

„Man sieht oft etwas hundertmal, tausendmal, ehe man es zum allerersten Mal wirklich sieht."

Christian Morgenstern

Haus am See

Du brauchst:

Aquarellpapier Arches Grobkorn, 300 g/m²

Aquarellfarben in
- Siena gebrannt
- Siena natur
- Coelinblau
- Preußischblau
- Kadmiumrot

Pinsel s. S. 8

Malspachtel

Möchte man einem Motiv eine ganz besondere Stimmung geben, kann man zunächst eine Lasur über das gesamte Papier legen. Einige Hersteller bieten auch bereits getöntes Aquarellpapier an. Es ist aber auch schnell selbst gemacht, und du kannst dafür je nach gewünschter Stimmung eine warme oder eine kalte Farbe wählen. Du hast die Möglichkeit, diese erste Lavierung komplett trocknen zu lassen, bevor du weiter malst, oder wie in dieser Demonstration, eine andere Farbe in die noch feuchte Fläche zu legen.

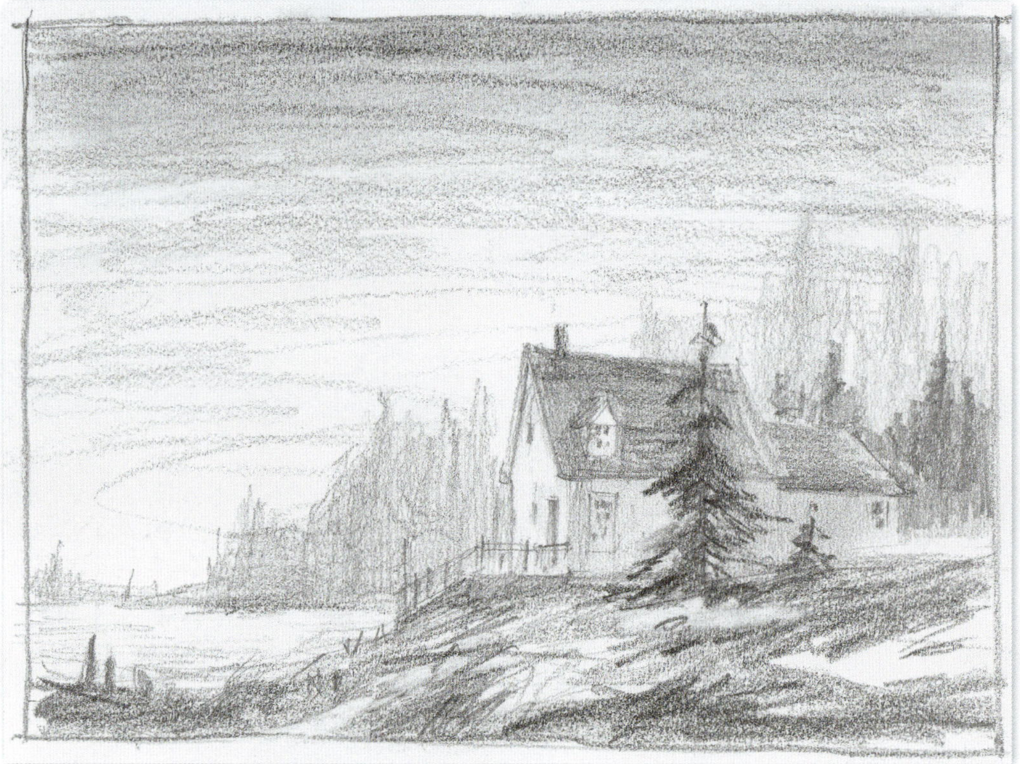

1. Schritt

Das Häuschen steht auf einem kleinen Hügel am See. Platziere das Seeufer so, dass es nicht auf gleicher Höhe wie die Terrasse liegt.

Der Wald im Hintergrund soll heller werden, da er weiter entfernt liegt.

Überlege, wohin du die Tannen im Vordergrund pflanzen willst. Sie sollten nicht direkt an einer Hausecke stehen oder eine interessante Dachkante verdecken. Der Vordergrund wird die dunkelste Fläche und lässt die helleren Flächen in die Distanz gleiten.

2. Schritt
Grundiere das gesamte Blatt mit einer hellen Schicht Siena gebrannt. Achte darauf, dass keine Streifen entstehen.
Für diesen Schritt kannst du natürlich auch gerne eine andere Farbe wählen. Es geht genauso gut mit Siena natur oder ganz leichtem Kadmiumrot.
Die ganze Bildfläche sollte gleichmäßig feucht sein, es dürfen sich keine Pfützen bilden. Wische überschüssiges Wasser an den Rändern ab, damit es nicht von außen ins Bild laufen kann.

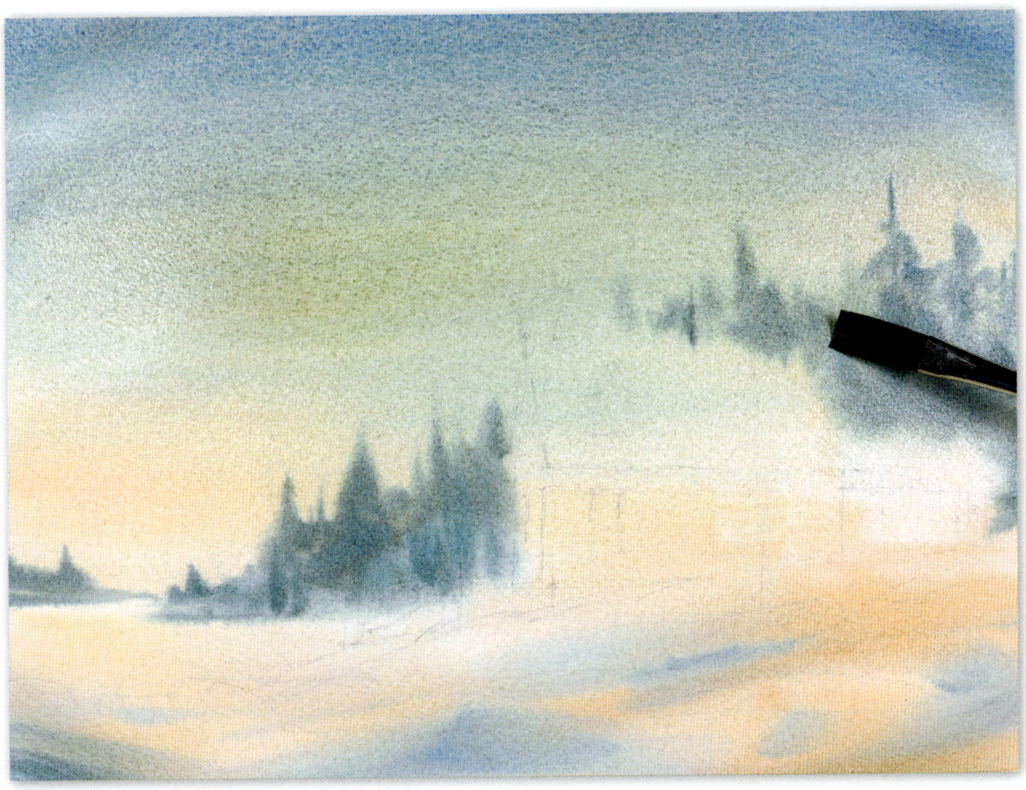

3. Schritt
Lege den oberen Teil des Himmels mit horizontalem Pinselstrich in Coelinblau an und lasse es nach unten hin weniger werden, sodass ein weicher Verlauf entsteht.
Setze nun mit Coelinblau und etwas Siena gebrannt die Bäume im Hintergrund auf das noch feuchte Papier. Die Farbe muss dabei dick und der Pinsel fast trocken sein. Spare dabei das Gebäude aus. Falls Farbe in das Dach läuft, ist es nicht schlimm, denn dieser Bereich wird am Ende dunkler.
Wiederhole die Farbe der Bäume im Vordergrund.

4. Schritt

Während der Himmel trocknet, kannst du den Vordergrund malen. Setze hierfür kleine Farbflecken von Siena natur, Siena gebrannt und Preußischblau nebeneinander und lasse sie ineinander laufen, damit sich die Farben auf dem Papier mischen. Spare dabei einige Stellen aus, damit man noch etwas von der ersten Grundierung sehen kann. Kratze mit der Malspachtel hier und da ein paar Gräser in die feuchte Farbe.

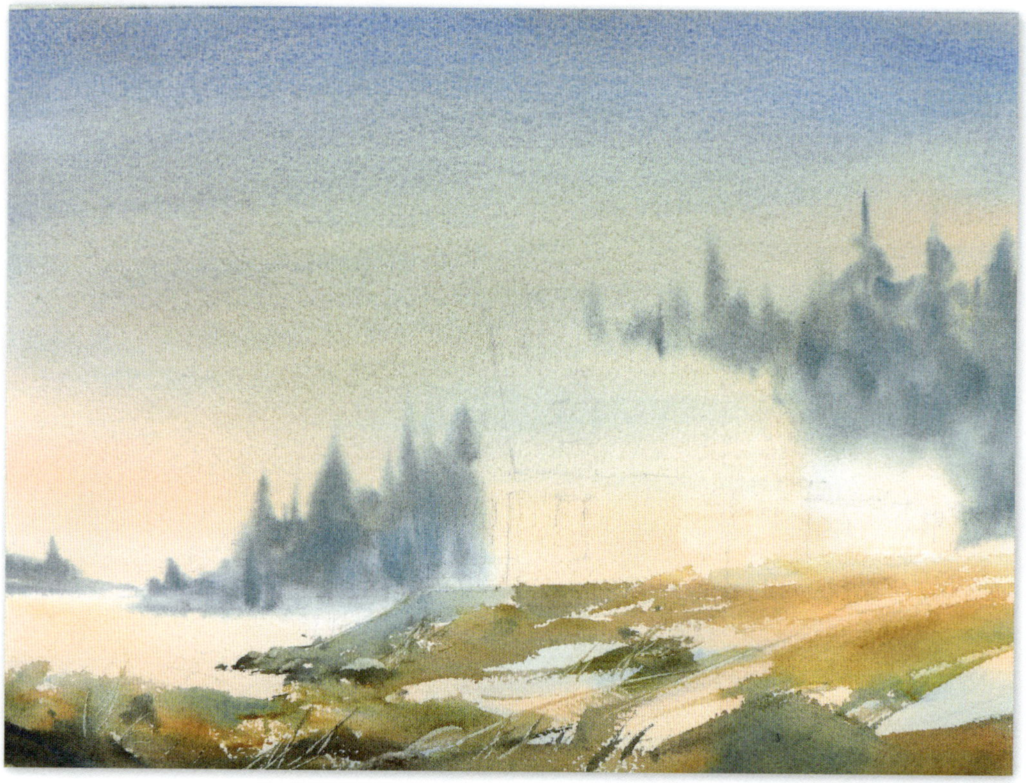

5. Schritt

Setze nun das Dach in einer Mischung aus Preußischblau und etwas Kadmiumrot auf das Gebäude. Wenn dein Dach ein Fenster bekommen soll, spare dieses aus. Ein Schornstein bricht die lange Dachkante, ist aber nicht so wichtig.

Vermeide eine langweilige, einheitliche Farbe und bringe etwas Struktur in die Dachfläche. Im gezeigten Bild ist die Farbe mit dem kleinen, leicht feuchten Flachpinsel aus dem noch feuchten Papier herausgewischt worden.

Ist die Farbe schon trocken, kannst du sie auch mit dem Borstenpinsel auswaschen.

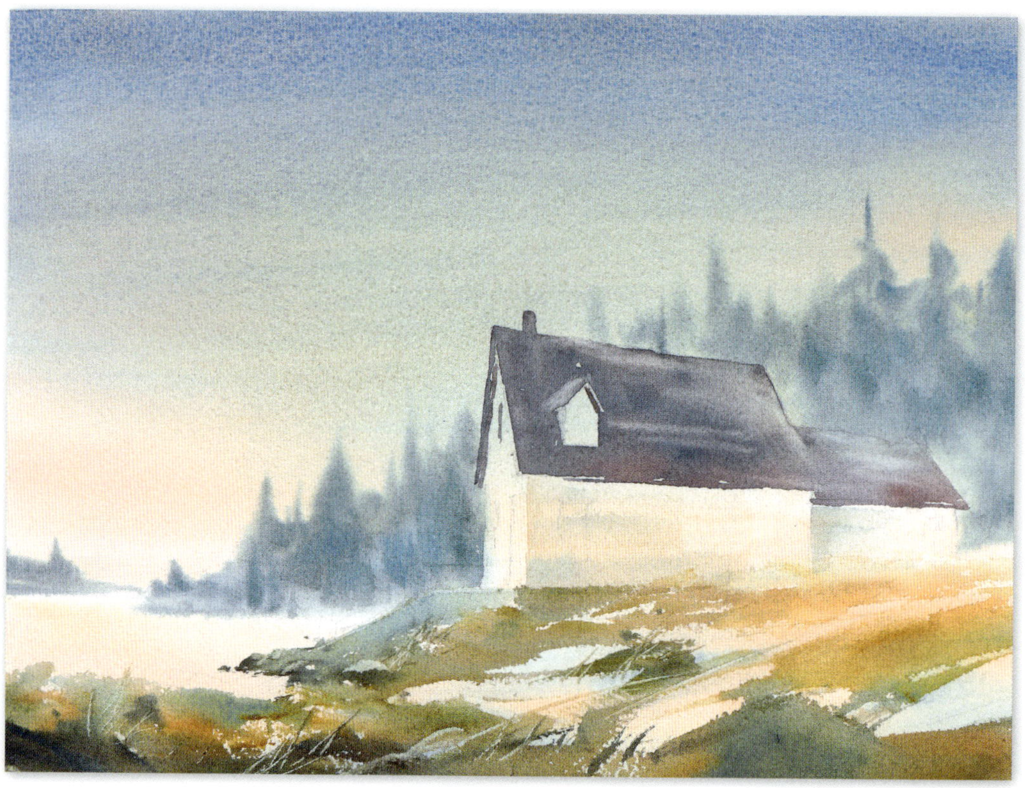

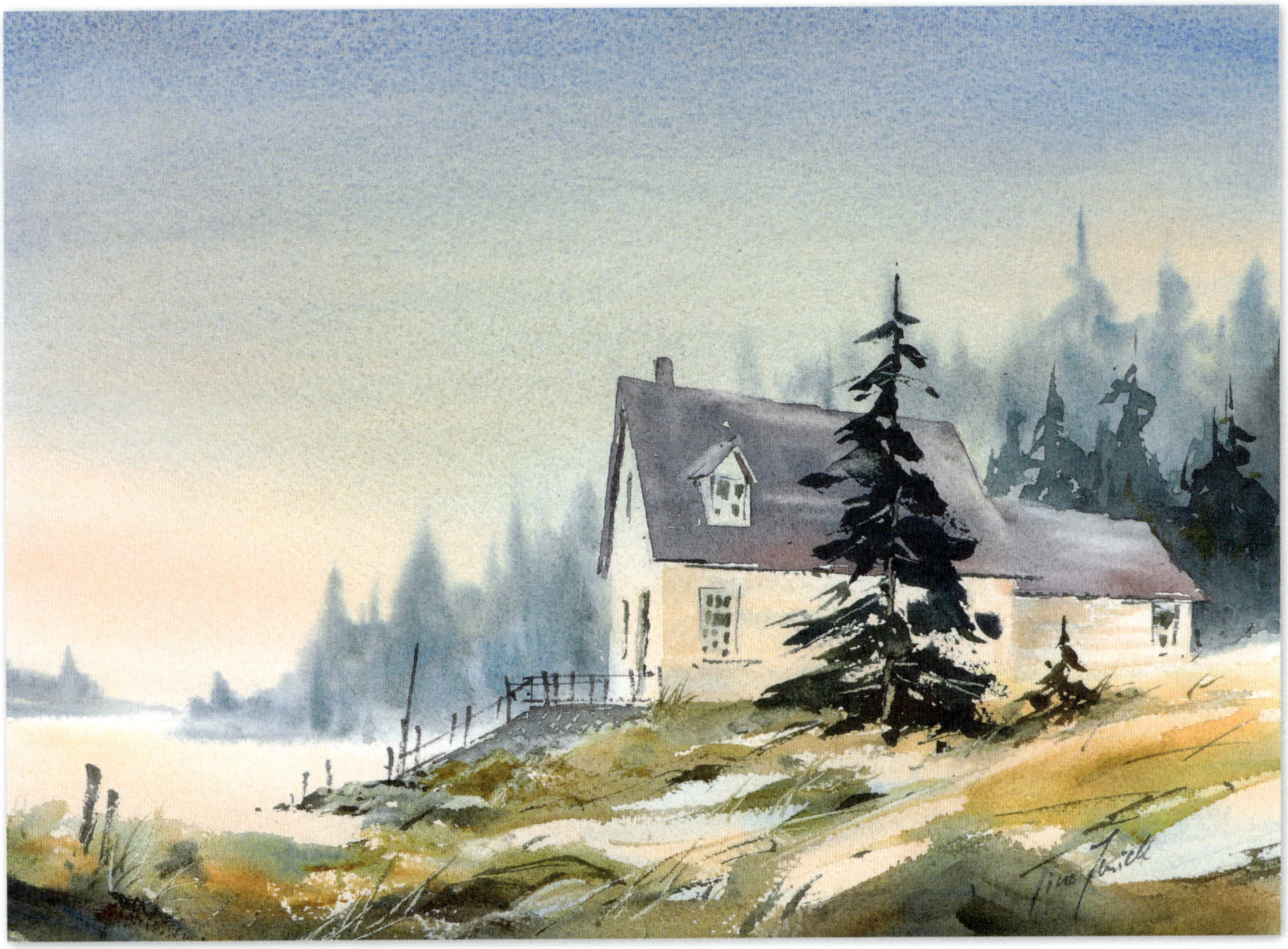

Fertiges Bild
Die Tannen rechts rücken den Anbau nach vorne. Lasse diese Tannen hinter dem Haus stehen, d.h. ziehe die Farbe nicht vor das Haus. Setze dann die Fenster ein und male die Terrasse mit dem Geländer mit dem Schlepper möglichst locker ein.
Mische für die dunklen Tannen im Vordergrund Preußischblau, Siena natur und Siena gebrannt. Wenn dir das Auskratzen der Gräser in Schritt 4 nicht gelungen ist, kannst du nun ein paar dunkle Gräser dazumalen.

„Als Künstler sieht man das Leben, verbindet sich mit seiner Schönheit und erschafft etwas, womit man diese Beobachtungen an andere weitergeben kann."

Danny Gregory

Morgendlicher Herbstspaziergang

Du brauchst:

Aquarellpapier Arches Feinkorn, 300 g/m²

Aquarellfarben in
- Siena natur
- Coelinblau
- Caput Mortuum
- Gelbgrün

Pinsel s. S. 8

Malspachtel

Gerade an Gewässern steigt in der kälteren Jahreszeit morgens oft Nebel auf. Durch subtile Kontraste und weiche Verlaufsübergänge kann man die Illusion des Dunstes in der Luft erzeugen. Knallige Farben würden hier nur stören. In diesem Bild findest du eine Vielzahl von unterschiedlichen Grautönen. Es genügen ein Gelb, ein Blau und ein Rotton, um diese lebendigen Graumischungen aufs Papier zu bringen.
Wenn im Vordergrund einiges los ist, sollte der Himmel ruhiger gehalten werden. Dafür ist ein Nass-in-nass-Himmel mit seinen weichen Verläufen besonders gut geeignet.

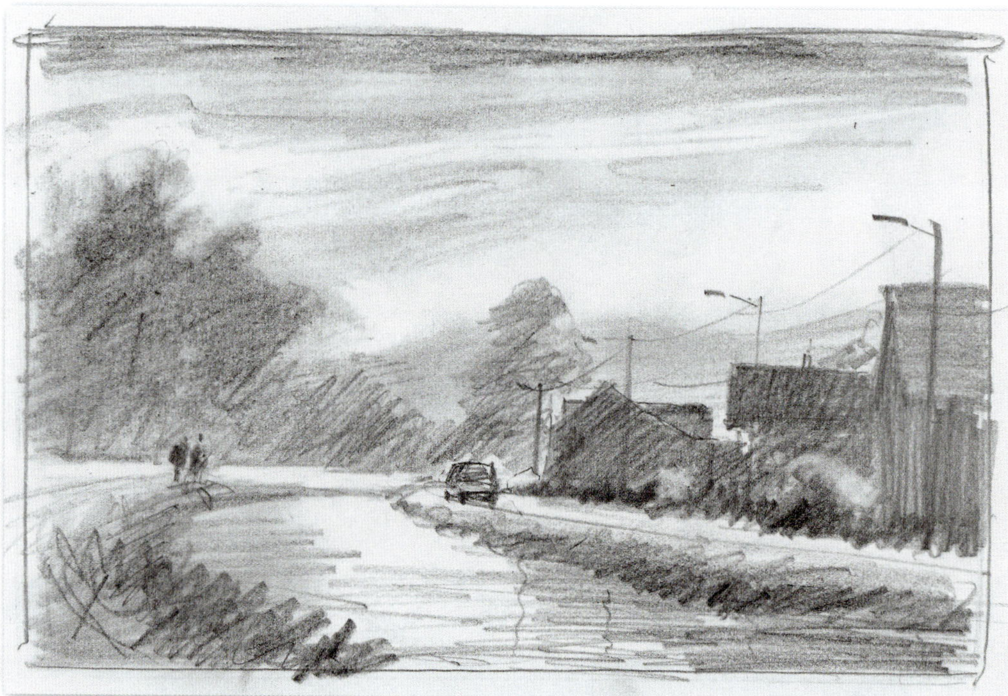

1. Schritt

Setze in der Tonwertskizze den Horizont so, dass der Himmel mehr Raum einnimmt. Das Flächenverhältnis des Kanals zum Himmel ist etwa ⅓ zu ⅔.
Die Figuren laufen von links nach rechts ins Bild. Das Auto ist nicht so wichtig, ist aber ein belebendes Element. Die Baumreihen stufen sich nach hinten heller ab.
Die intensivste Dunkelheit im Bild sollen die Häuser im Vordergrund werden.

2. Schritt

Bereite in einer Ecke deiner Palette eine pastose Mischung, etwa vergleichbar mit der Konsistenz von Butter, aus Coelinblau und Caput Mortuum vor.
Dann feuchte das Aquarellpapier gut an. Beginne mit Siena natur am Horizont und ergänze mit leichten, horizontalen Pinselstrichen die Fläche nach oben und unten mit Coelinblau. Mit der richtigen Menge Feuchtigkeit im Pinsel entstehen keine Streifen. Die Fläche sollte überall gleichmäßig feucht sein.

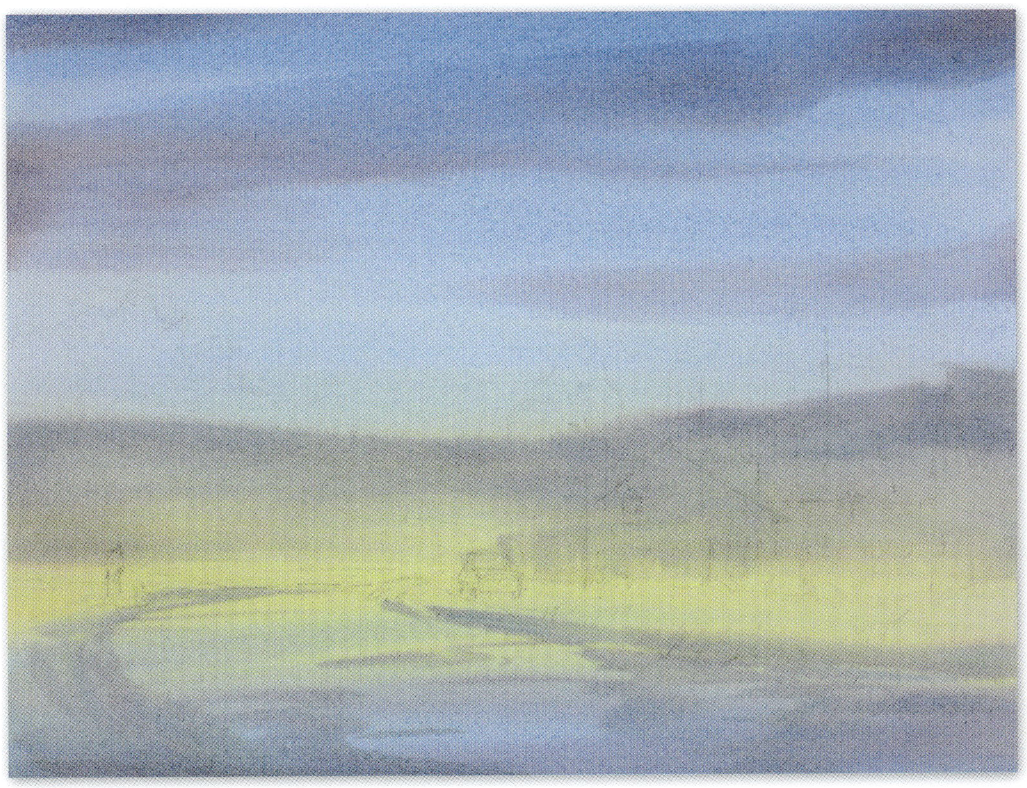

3. Schritt

Sofort geht es weiter mit der vorbereiteten Farbe, mit der du die etwas dunkleren Schleierwolken in den noch feuchten Himmel ziehst.
Male mit der gleichen Farbe den im Nebel verhangenen Berg im Hintergrund. Dieser Farbauftrag darf nicht in den Weg laufen, kann aber über den Häusern liegen.
Setze auch ein paar Striche ans Ufer und ins Wasser. Um hier Farbrückläufe zu vermeiden, muss im Pinsel weniger Feuchtigkeit enthalten sein als auf dem Papier. Sollten dennoch Flecken entstehen, versuche, einfach Wolken daraus zu zaubern.

4. Schritt
Male nun auf das trockene Papier mit einer dünnen Lasur aus Siena natur und Coelinblau die Bäume im Hintergrund. Einige Kratzer mit der Malspachtel deuten die Stämme an. Das Gras im Vordergrund wird farbintensiver, wenn du noch Gelbgrün hinzugibst. Auch hier lockern ein paar gekratzte Gräser das Ufer auf.
Vergiss nicht, die Büsche vor die Häuser zu pflanzen. Das kleine Auto bekommt Reifen, eine Stoßstange und dunkle Fenster.

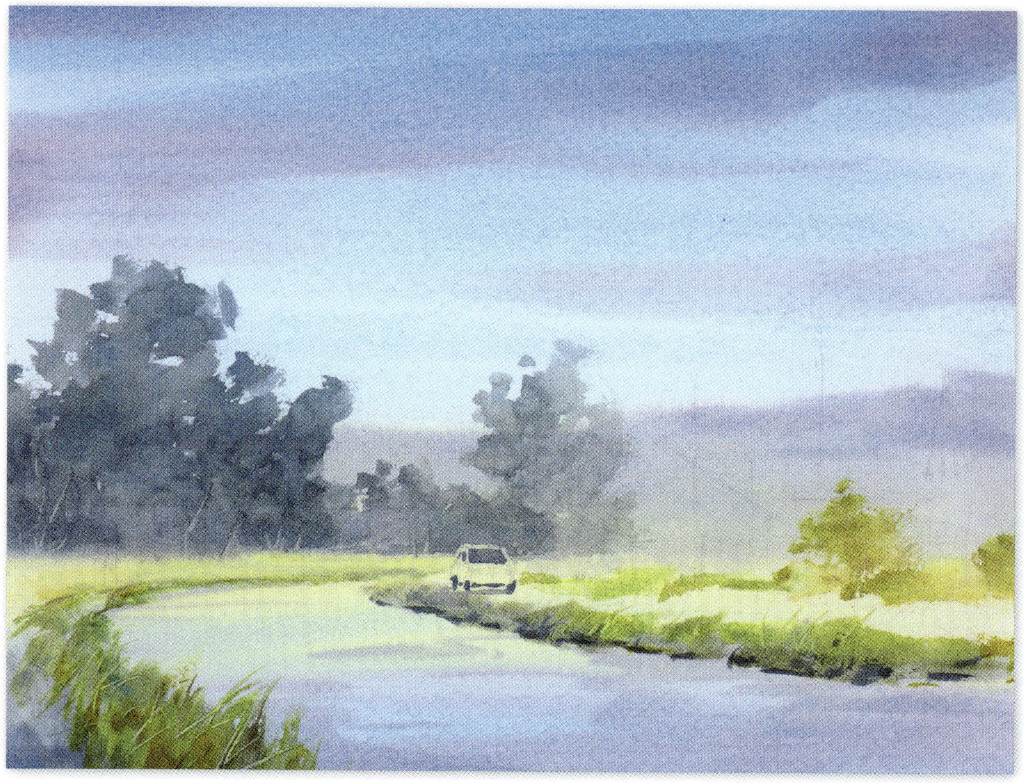

5. Schritt
Versuche nun, die Silhouette der drei Häuser in einer zusammenhängenden Form mit Coelinblau und Caput Mortuum zu malen. Mische etwas Gelbgrün dazu und du erhältst gleich die Farbe für die Büsche, die nun etwas dunkler sein dürfen.
Dunkle eventuell noch das Ufer etwas nach. Sollte es dir nicht gelingen, die Strommasten herauszukratzen, solange die Farbe feucht ist, kannst du diese am Ende auch mit dem Schlepper dazu malen.

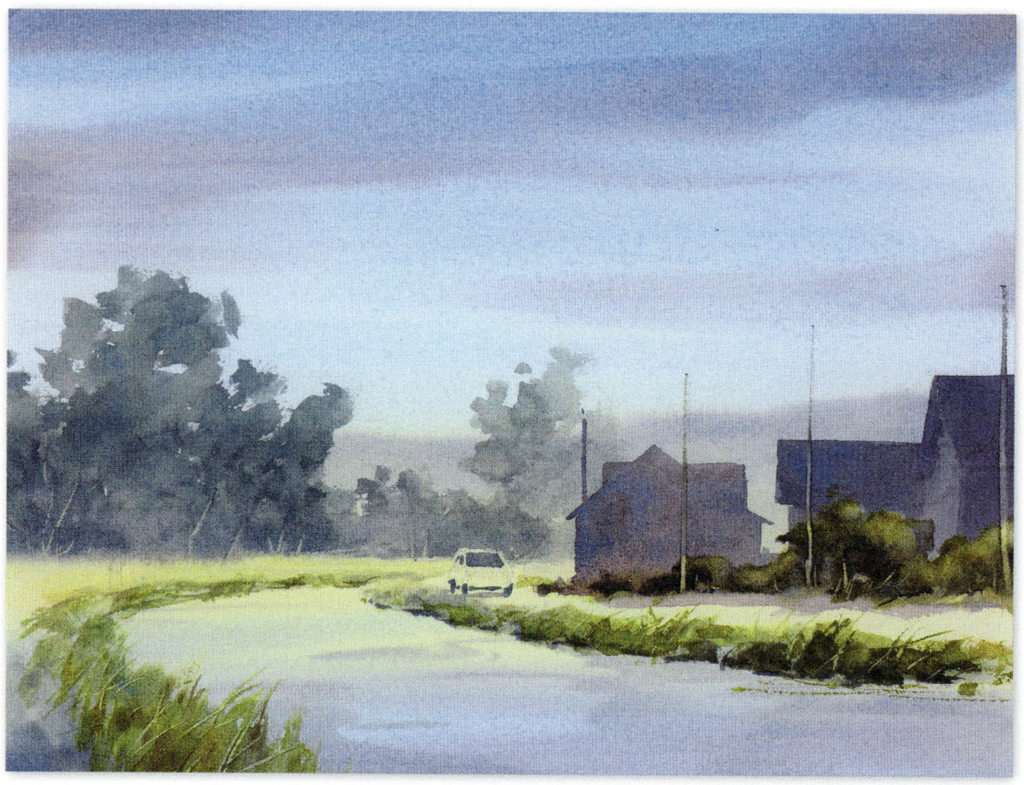

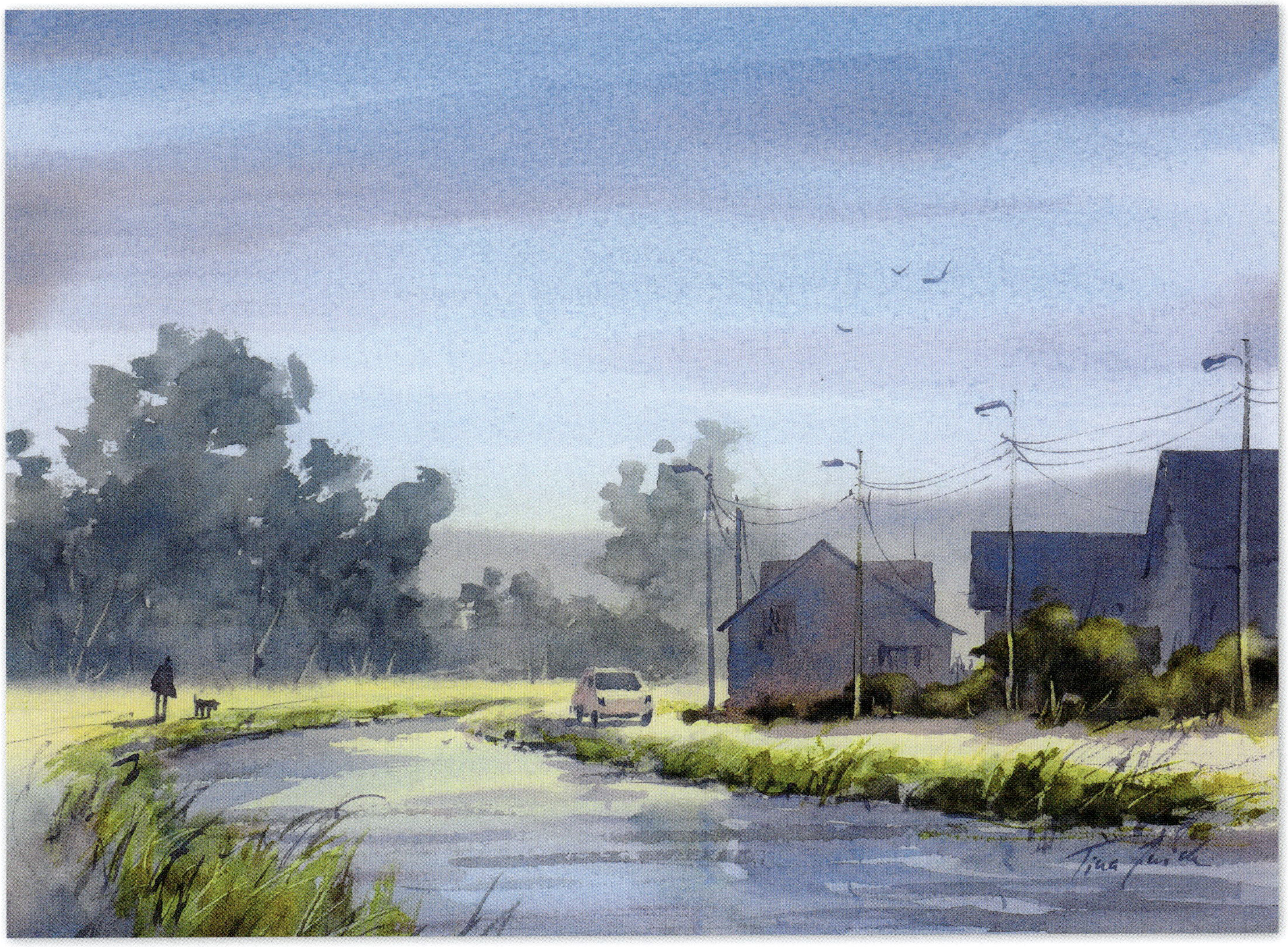

Fertiges Bild

Im letzten Schritt runden die Details das Bild ab. Die Strommasten bekommen Leitungen und auch Lampen. Deute ein paar Fenster in der Hausfront an.

Aus der zweiten Person in der Tonwertskizze ist nun ein Hund geworden. Die Schatten für die Person und das Auto sowie der schmale Schatten vor den Häusern werden wieder mit Coelinblau und Caput Mortuum gemalt.

Lege abschließend mit der gleichen Farbe und viel Wasser die Spiegelung der Häuser im Wasser an. Wenn du Lust hast, pinsele noch ein paar Vögel in den Himmel.

„Sehen ist eine Kunst, die gelernt werden muss!"

F. W. Herschel

Am Nordseestrand

Du brauchst:

Aquarellpapier Arches Grobkorn, 300 g/m²

Aquarellfarben in
- Chinacridongold
- Alizarin-Karmesin
- Französisch Ultramarin

Pinsel s. S. 8

Malspachtel

Papiertücher

Diese Himmelstechnik ist durch Zufall entstanden, als ich einen Kurs für Einsteiger, die noch nie einen Pinsel in der Hand hatten, konzipieren musste. Das Schöne dabei ist, das diese Bilder immer anders werden und immer irgendwie gut. Kein Himmel gleicht dem anderen. Obwohl man die drei Grundfarben mischt, was normalerweise auf der Palette Braun ergibt, leuchten sie aus sich heraus.
Du solltest bei dieser Übung versuchen, einen satten Mittelton zu erreichen, aus dem man Helligkeiten herauswischen, aber auch noch Dunkelheiten einfügen kann. Sollte der Himmel zu hell auftrocknen, hast du immer noch die Möglichkeit, dunklere Wolken in den Himmel zu malen.

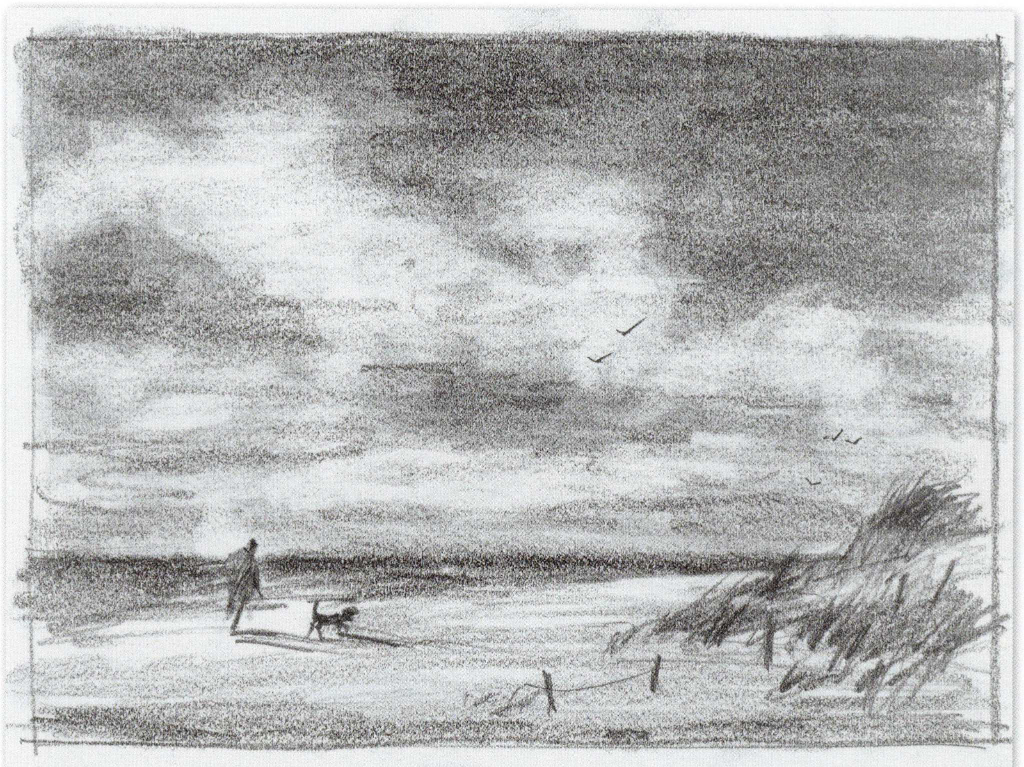

1. Schritt

Überlege dir in deiner Tonwertskizze, wie groß die Wolken in etwa werden und in welche Richtung sie ziehen sollen. Ist der Himmel am Horizont hell, sollte das Meer in einem dunkleren Tonwert geplant werden. Auf der Düne sollte Licht liegen, damit auch diese sich vom Himmel abhebt. Die Gräser dürfen wiederum dunkler werden.

2. Schritt

Lege mit Chinacridongold eine gleichmäßige Lasur an. Du kannst natürlich auch ein anderes Gelb verwenden. Es darf nicht zu viel Wasser auf dem Papier sein, aber auch nicht zu wenig. Wenn Streifen entstehen, arbeitest du zu trocken. Läuft die Farbe weg, hast du zu viel Wasser im Pinsel. Am besten stellst du dein Bild etwas aufrecht, sodass überschüssige Flüssigkeit nach unten abläuft. Lege eventuell ein altes Handtuch unter.

3. Schritt

Auf dem feuchten Papier geht es sogleich weiter mit einer lasierenden Schicht Alizarin-Karmesin, die du gleichmäßig über die gesamte Fläche legst. Auch hier kannst du ein anderes Rot verwenden.
Es braucht ein bisschen Gefühl dafür, um die Farbe nicht zu trocken und nicht zu nass anzumischen. Du möchtest ja, dass das Pigment auf dem Blatt bleibt und nicht nur herabläuft. Lasse überschüssiges Wasser wieder ablaufen.

4. Schritt
Immer noch auf feuchtem Papier geht es weiter mit Blau, in diesem Fall Französisch Ultramarin. Auch hier könntest du dein eigenes Blau wählen. Allerdings zieht z.B. Preußischblau mehr in das Papier ein und lässt sich bei den nächsten Schritten nicht so leicht ablösen.
Gefällt dir der Himmel so wie er ist, dann gehe zu Schritt 5 über. Wenn nicht, dann kannst du, so oft du willst, Schichten übereinanderlegen, bis du mit der Farbstimmung zufrieden bist. Ein gutes Papier ist geduldig!

5. Schritt
Nimm ein weiches, sauberes Papiertuch und tupfe die Wolken aus dem Himmel. Drücke nicht zu fest auf, denn das Papier ist sehr verletzbar, wenn es so feucht ist. Wische die Helligkeit am Strand und die helle Düne vorsichtig heraus. Läuft die Farbe zurück in die abgetupften Bereiche, dann ist alles noch zu feucht und du musst noch ein paar Minuten warten. Sei vorsichtig und nimm nicht zu viel Farbe weg. Die Farbe im Vordergrund ist wichtig für die Farbharmonie im Bild.

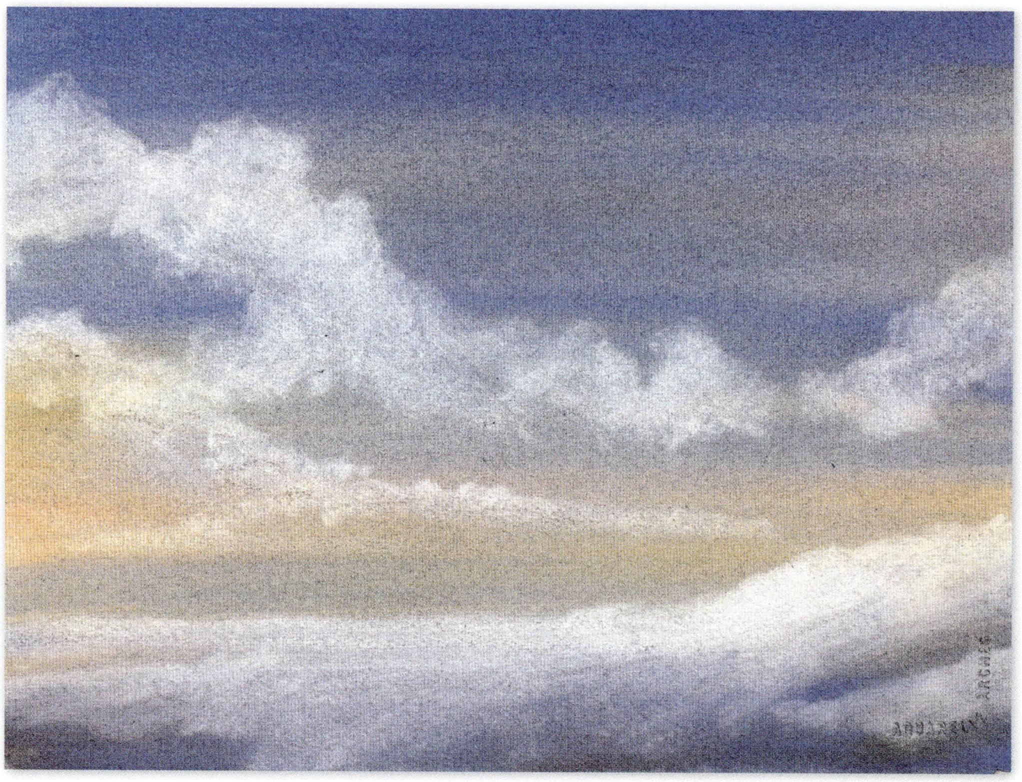

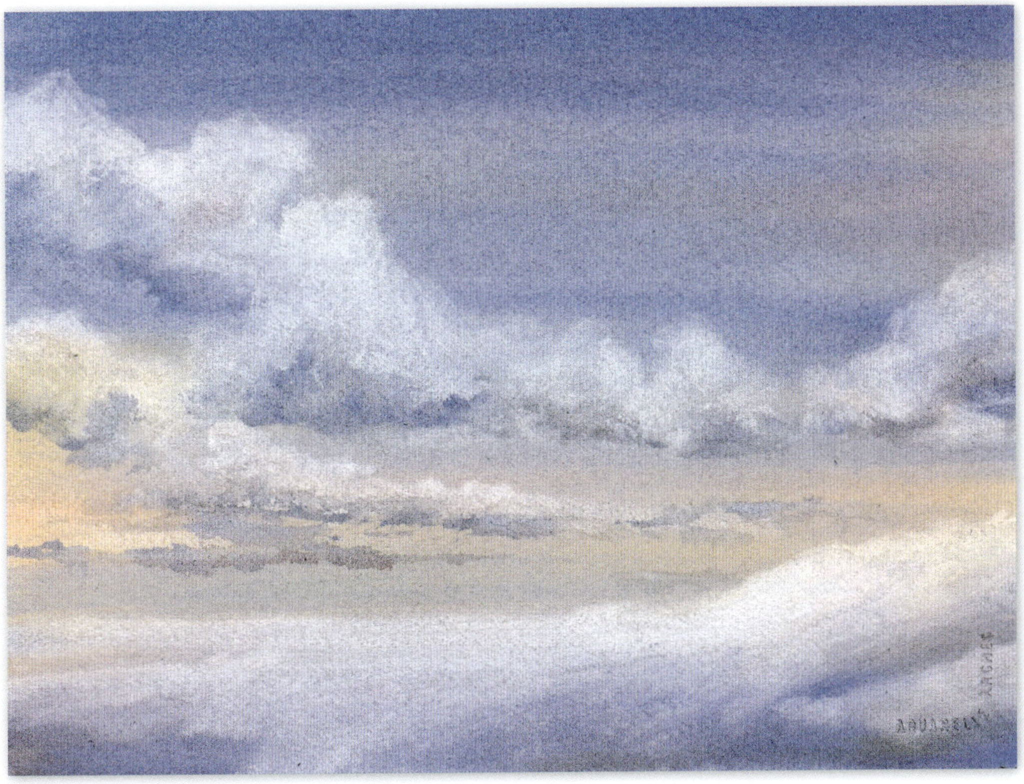

6. Schritt

Wenn das Papier getrocknet ist, lege die Schatten unter die Wolken. Unten sollen diese eine harte Kante haben, aber nach oben hin lässt du sie mit etwas klarem Wasser weich auslaufen.
Das Grau ist eine Mischung der drei Grundfarben. Du kannst die Wolkenunterseite etwas rötlicher anlegen, dann entsteht eine Abendstimmung. Vielleicht sind deine getupften Wolken auch so schön geworden, dass sie gar keinen Schatten mehr brauchen. Behalte immer auch im Auge, was dir dein Bild sagt.

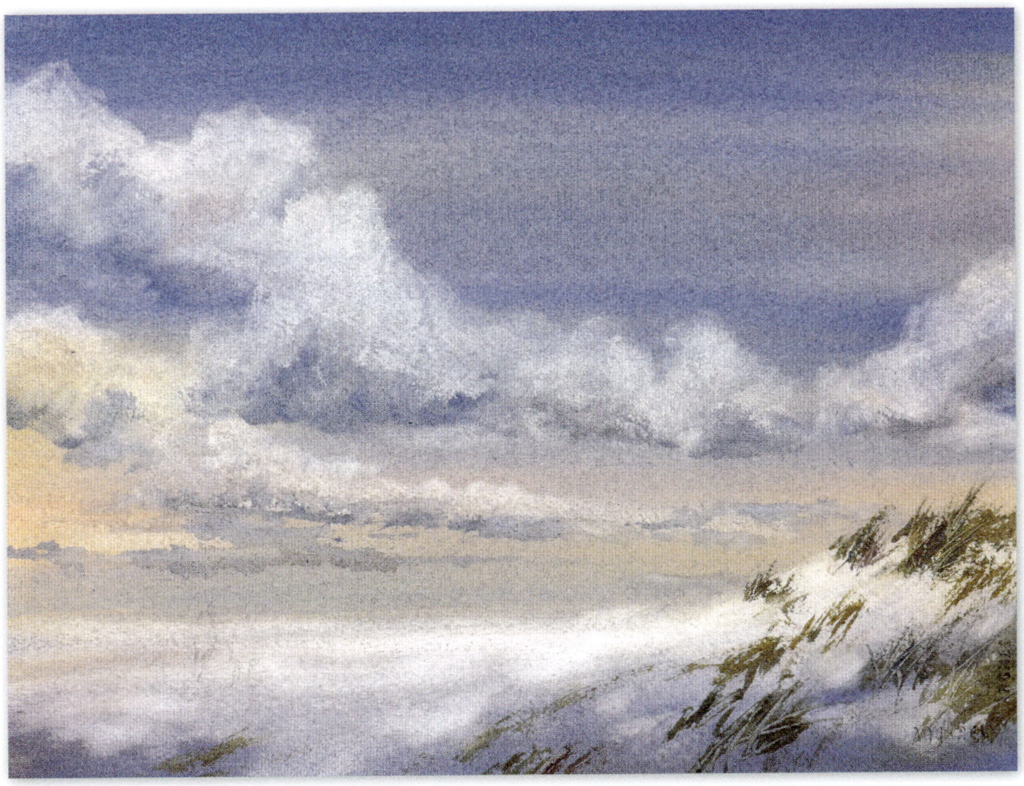

7. Schritt

Bleibe bei dem Drei-Farben-Gemisch. Gib für die Farbe der Gräser jeweils immer etwas mehr Gelb, Rot oder Blau in die Grundmischung, um die Farbe leicht zu variieren. So bleibt die Farbharmonie im Bild weiterhin erhalten. Die Versuchung ist groß, ein fertiges Grün dafür zu verwenden, es würde sich aber nicht so gut einfügen.
Kratze nun aus den noch feuchten Grasbüscheln mit der Malspachtel ein paar helle Grashalme heraus. Die Richtung, in die sich die Gräser neigen, entspricht der Richtung, aus die der Wind weht.

8. Schritt

Das Meer wird mit einem größeren Anteil Blau in der Mischung gemalt. Ziehe den eher trockenen Pinsel parallel über das Papier, um mit der dadurch entstehenden Struktur kleine Wellen anzudeuten. Das Meer läuft durch die Perspektive nach hinten, bzw. nach rechts, schmal zu und verschwindet hinter der Düne. Falls deine Figur dunkle Kleidung trägt, kannst du das Meer „durchziehen", ohne die Person auszusparen.

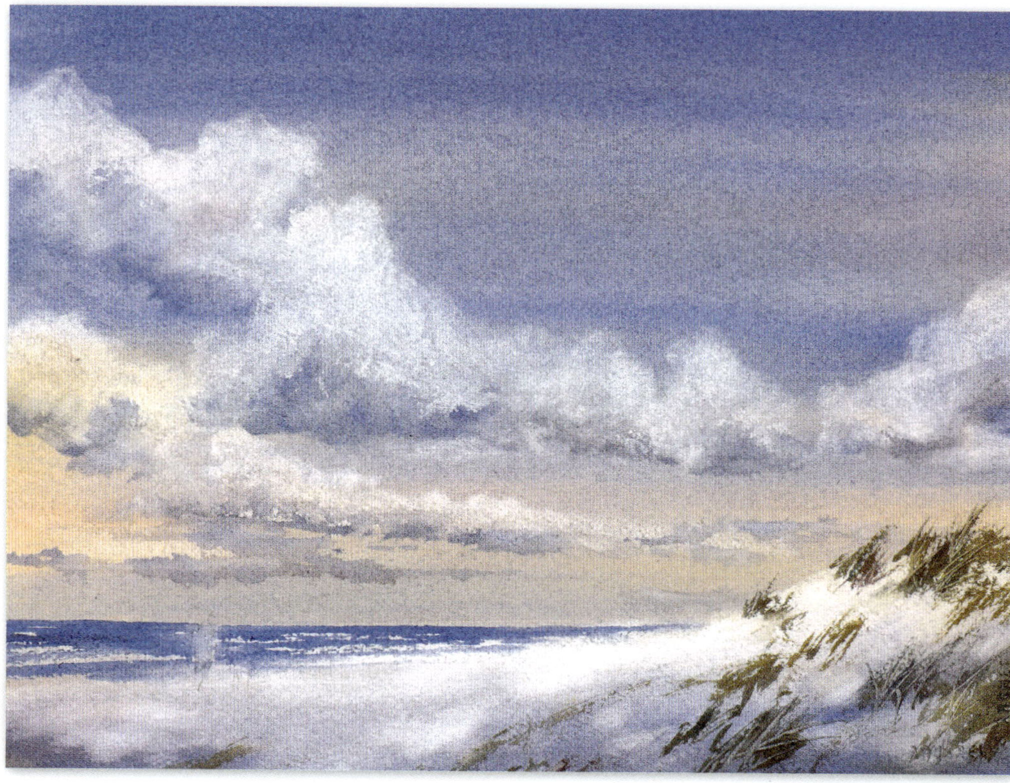

Detail

Im Detail erkennt man die Körnung des Papiers, die vorteilhaft ist, wenn man die Gischt im Meer andeutet. Am Horizont hat das Meer eine harte Kante und nach vorne zum Strand läuft es mit einem fließenden Übergang aus.
Der Spaziergänger gibt dem Ganzen ein Größenverhältnis, denn jeder weiß, wie groß in etwas ein Mensch ist, und stellt alles andere dazu in Bezug.

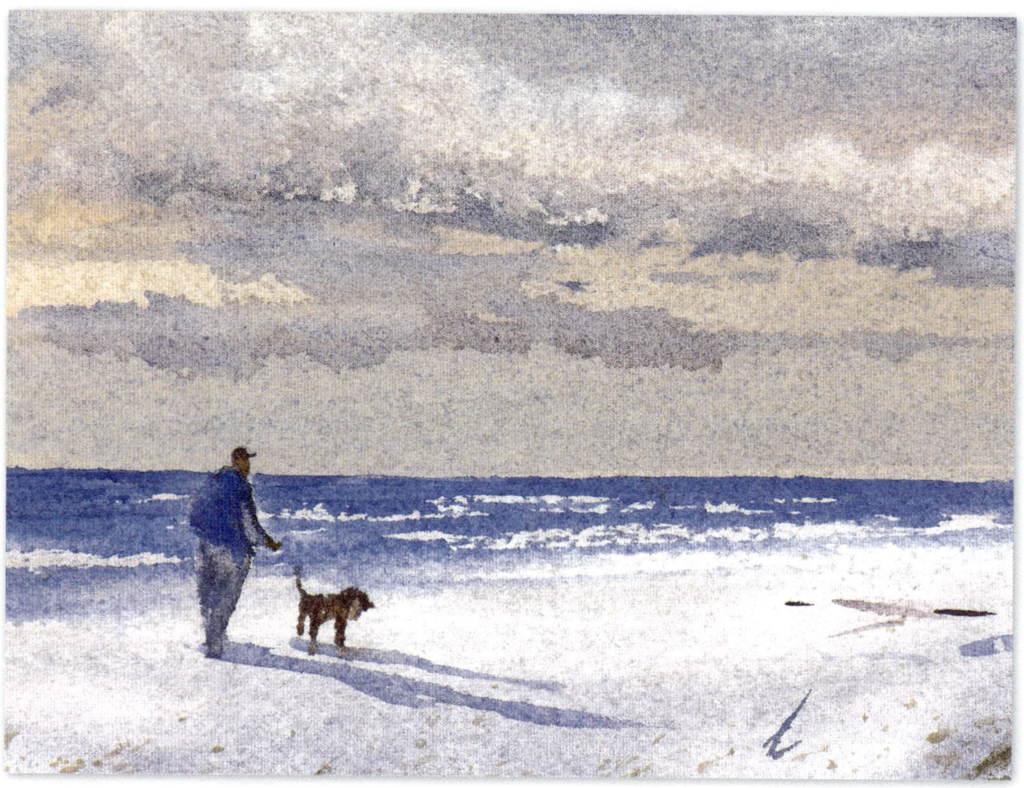

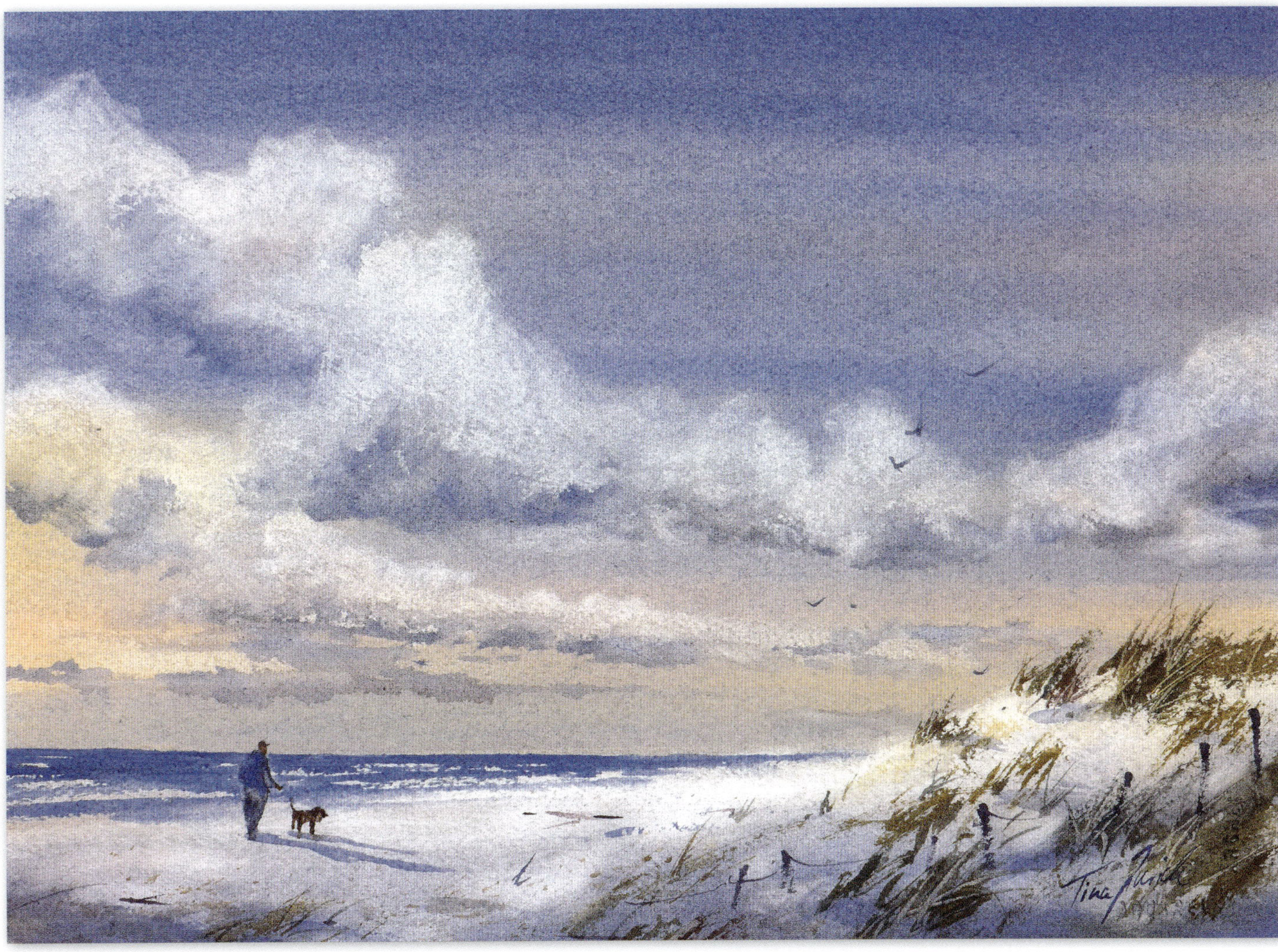

Fertiges Bild

Wenn du lieber einen einsamen Strand malen möchtest, lasse den Spaziergänger einfach weg. Die Figur gibt dem Betrachter allerdings eine Vorstellung von der Größe des Strand-Ausschnittes und dem Himmel auch Weite. Ein paar Möwen und Zaunpfosten auf der Düne beleben die Strandszene noch etwas.

Sicher hat dein Bild seine ganz eigene Stimmung bekommen, denn es ist unmöglich, besonders bei dieser Technik, ein Aquarell genau nachzumalen. Solltest du Lust haben, diese Art Himmel noch einmal mit den gleichen Farben zu malen, ändere die Form der Wolken oder den Vordergrund.

Tipp: Probiere diese Übung mit einer anderen Kombination von Gelb-, Rot- und Blautönen aus. Anstatt die drei Grundfarben immer über das ganze Papier zu legen, kann man es auch nur in Teilbereichen anlegen. Die Möglichkeiten sind unendlich.

Scheune im Schnee

Du brauchst:

Aquarellpapier Arches Feinkorn, 300 g/m²

Aquarellfarben in
- Kadmiumgelb
- Kadmiumrot
- Französisch Ultramarin
- Titanweiß

Pinsel s. S. 8

Malspachtel

evtl. Maskierflüssigkeit

Der Himmel ist auf der Fotovorlage sehr hell, aber das heißt nicht, dass man ihn auch so malen muss. Ich selbst lasse mich zwar von der Realität inspirieren, versuche aber dann meine ganz eigene schöne Version der Realität zu entwerfen. Du kannst mit den Tonwerten spielen und vom gleichen Foto viele verschiedene Kompositionen entwerfen. Die Farben laufen im Aquarell von alleine jedes Mal anders.
Hier wird die gleiche Technik nur im Himmel angewandt, die sich in der vorherigen Schrittfolge über das ganze Bild erstreckt hat. Etwas kniffeliger, weil jedes Mal um die Scheune herum gemalt werden muss. Es kann helfen, das Malbrett herumzudrehen und vom Dach abwärts zu arbeiten. Dann kann die überschüssige Farbe gut ablaufen und läuft nicht in den weißen Schnee.

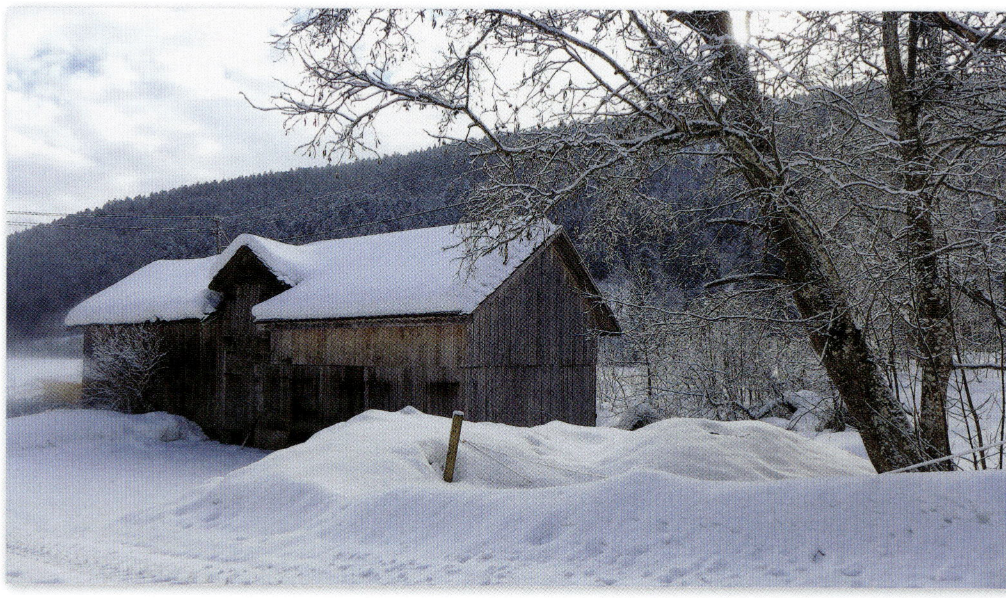

Motivvorlage
Vielleicht wäre es für dich einfacher, das schneebedeckte Scheunendach und die Bäume vorher mit Maskierflüssigkeit abzudecken. Beim Aquarellmalen muss man sich auf mehrere Prozesse gleichzeitig konzentrieren und fehlt es an Übung, ist oft schnell das Weiß zugemalt. Deshalb ist Maskierflüssigkeit/Abdeckmittel eine gute Alternative, um freier zu aquarellieren ohne die Angst, die wichtigen Helligkeiten zu verlieren.

Tipp: Wenn es nass richtig aussieht, ist es falsch! Aquarell erscheint im nassen bzw. feuchten Zustand immer viel farbintensiver. Trocknet es, verblasst es. Wenn es also nass farblich sehr schön aussieht, musst du noch mehr Pigment nachlegen, damit es im trockenen Zustand richtig wirkt.

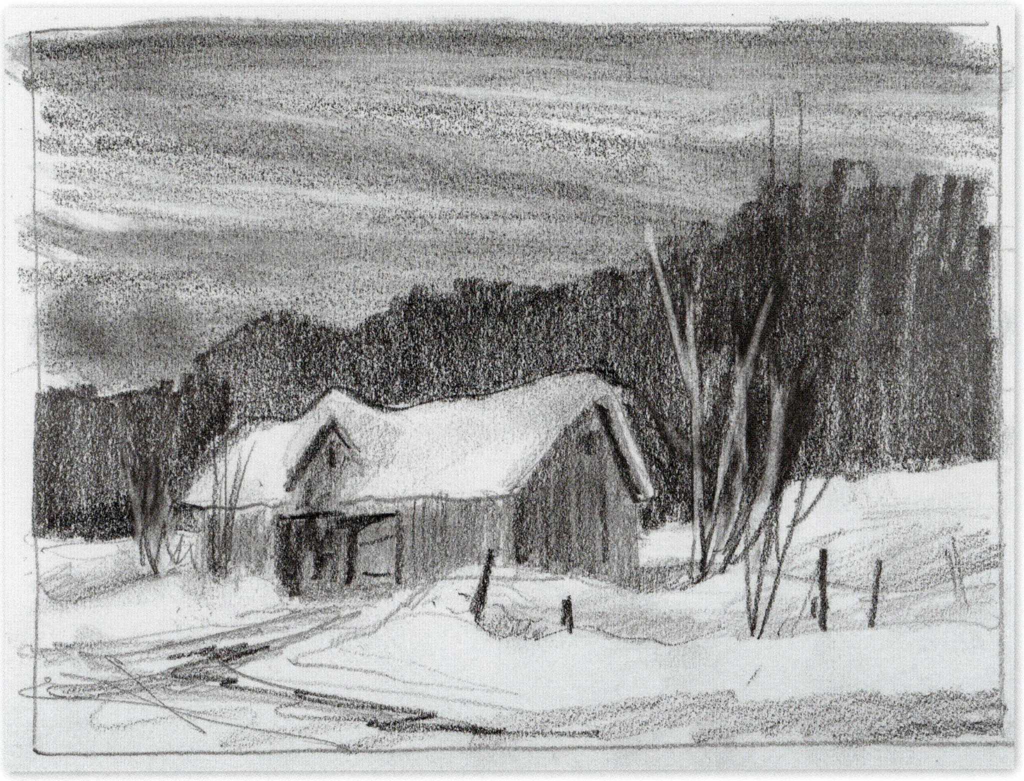

1. Schritt

Ein dunkler Himmel ist immer ideal, um Schnee zum Leuchten zu bringen. Hier kannst du dem Wald im Hintergrund zusätzlich einen noch dunkleren Tonwert geben.
Die Dunkelheit braucht eine Wiederholung. Also warum nicht die Scheunentür öffnen und den dunklen Innenraum andeuten?
Der große Baum ist zwar schön, macht es aber schwierig, den Himmel in drei Schichten anzulegen. Eine Möglichkeit wäre, ihn mit Maskierflüssigkeit abzudecken. Sind die Bäume kleiner, geht der Fokus mehr auf die Scheune.

2. Schritt

Beginne mit Kadmiumgelb als der hellsten Farbe und lege eine gleichmäßige Lasur in den Himmel. Gehe dabei bis zur Kante des schneebedeckten Hauses und bis zum Hügel hinunter. Am besten drehst du das Malbrett bzw. den Block herum und lässt überschüssiges Wasser somit nach oben ablaufen, bevor es über die Scheune rinnt. Achte darauf, dass es an den Rändern nicht sofort trocknet.

3. Schritt

Auf die noch feuchte erste Lasur folgt nun Kadmiumrot. Kadmiumrot ist eine sehr ergiebige und deckende Farbe, du brauchst also nur eine geringe Menge, sonst verliert der Himmel seine Leuchtkraft.
Es geht wieder an der gleichen Kante der Scheune und des Hügels entlang. Lasse überschüssiges Wasser wieder ablaufen. Achte darauf, dass sich keine Wasserpfützen im Himmel sammeln und halte die Fläche gleichmäßig feucht, um Flecken zu vermeiden.

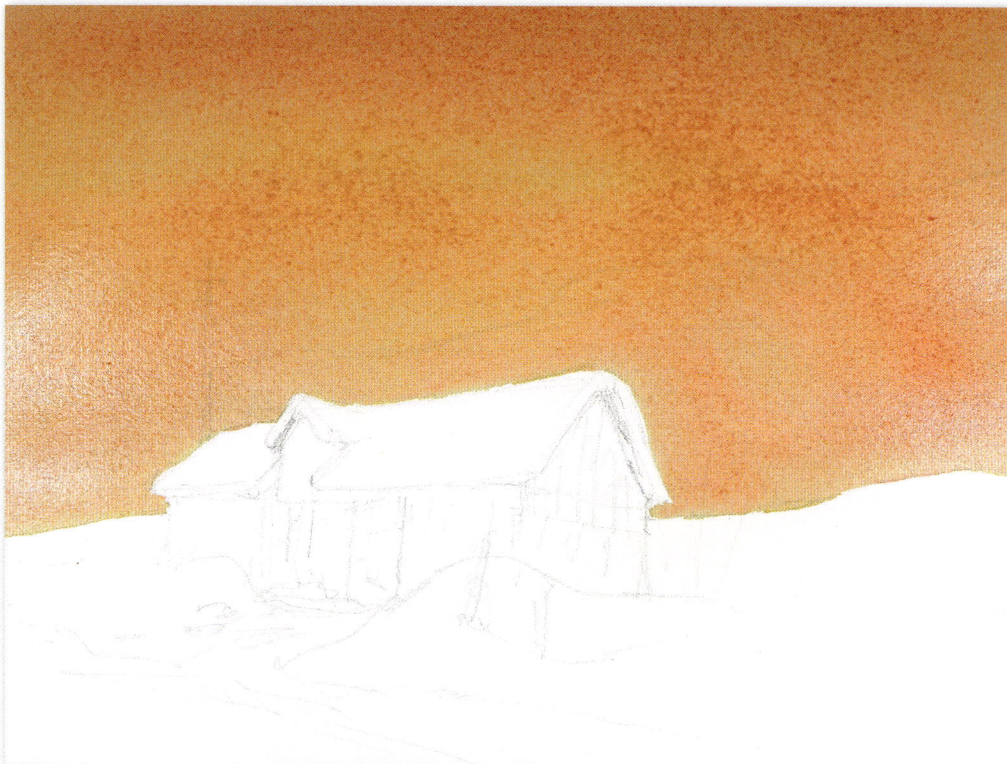

4. Schritt

Weiter geht es in der gleichen Art und Weise mit Französisch Ultramarin. Das Papier wird sich etwas wellen, da es jetzt sehr feucht ist.
Achte weiterhin darauf, dass sich im Himmel keine Pfützen in den Wellen des feuchten Papieres bilden. Befreie die Ränder des Bildes von überschüssigem Wasser (besonders die Ecken halten es gerne) mit einem weichen Tuch. Das Blatt ist weiterhin gleichmäßig feucht.
Für den nächsten Schritt müssen deine Farben schön weich und verarbeitungsfähig sein, möglichst direkt aus der Tube.

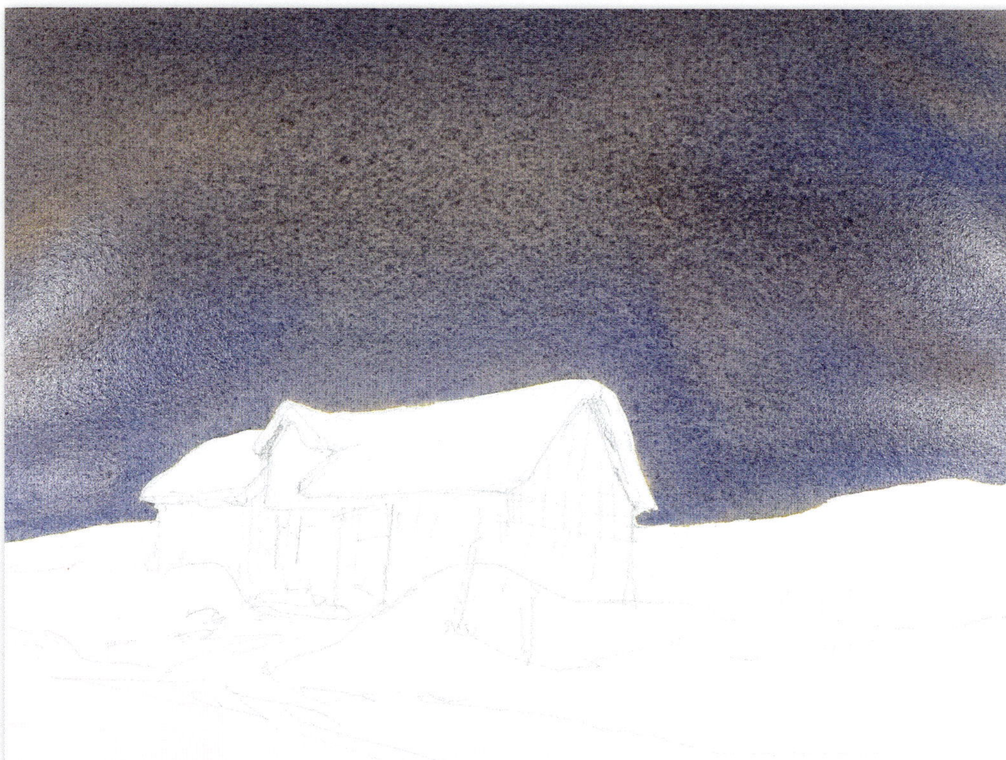

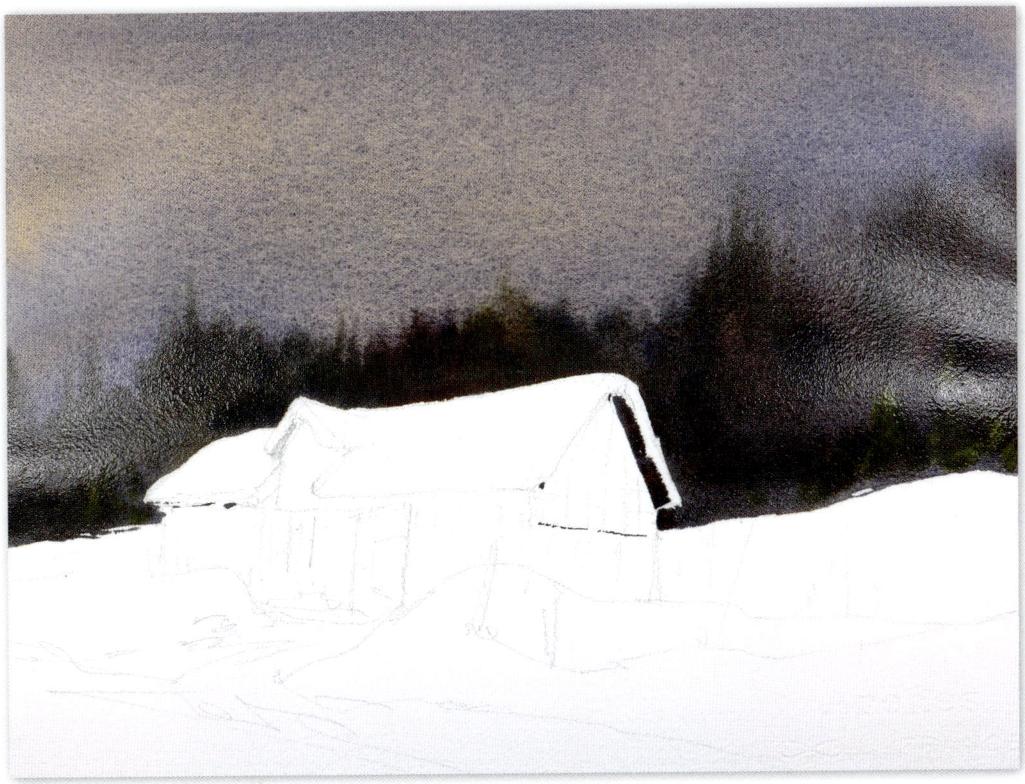

5. Schritt

Nun mischst du in einem trockenen Bereich deiner Palette alle drei Farben zu einer dicken Farbe zusammen, die in der Konsistenz streichfähiger Butter gleicht. Es darf kein Wasser im Pinsel sein, denn es ist noch genug Feuchtigkeit auf dem Papier vorhanden.

Ziehe mit der dunklen Farbe die Baumreihe hinter die Scheune. Variiere dabei die Mischung möglichst etwas, mal mehr Blau, mal mehr Gelb oder mal etwas mehr Rot. So wird der Wald lebendiger.

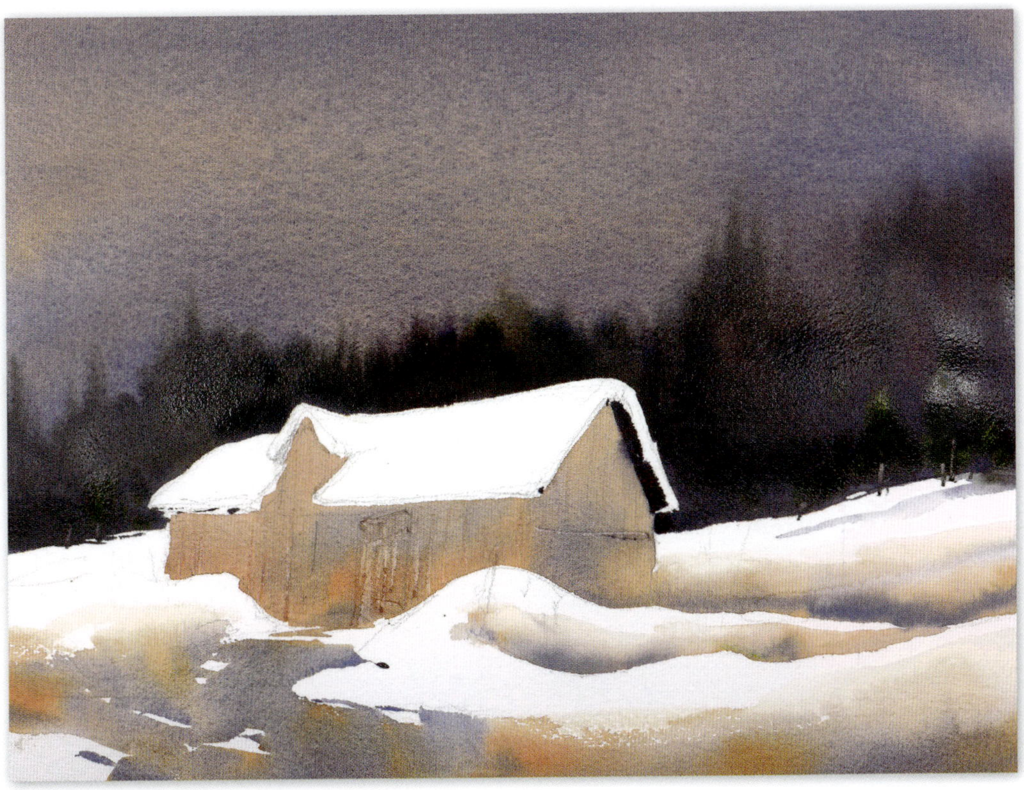

6. Schritt

Da der Hintergrund noch zu feucht zum Kratzen war, haben zuerst die Scheune und der Vordergrund Farbe bekommen. Verwende hier wieder die gleichen drei Farben, nur mit weniger Blau. Denke daran, die Farben mehr auf dem Papier ineinander laufen zu lassen, als sie auf der Palette zu einem eintönigen Braun zu mischen. Sollte dein Himmel schon trockener sein und kaum noch glänzen, kannst du gleich die Bäume mit der Malspachtel hineinkratzen.

7. Schritt

Den richtigen Moment für das Kratzen zu erwischen, ist Übungssache. Das Papier darf nicht zu trocken, aber auch nicht zu feucht sein.
Da im unteren Teil Schnee liegt, also Helligkeit, kannst du versuchen, einige Stämme aus der Dunkelheit nach unten in den Schnee zu ziehen. Die anderen Äste werden von unten nach oben gekratzt. Pflanze noch größere und kleinere Bäume und lasse die Äste in unterschiedliche Richtungen wachsen. Deute in der Scheune ebenfalls mit einigen Kratzern die Bretter an.

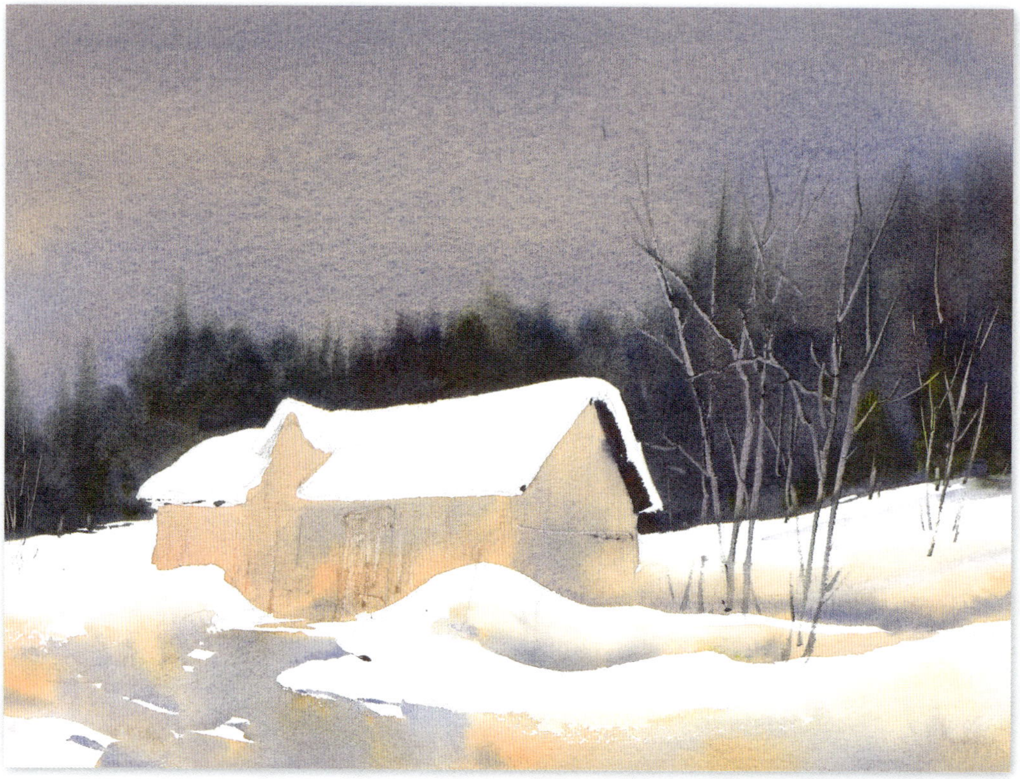

Detail

Ich vermeide es, Maskierflüssigkeit zu verwenden, da sie eine sehr scharfe Kante bildet. Die Kratzer der Malspachtel sehen natürlicher aus. Möchtest du die Äste komplett weiß haben, kannst du ganz zu Beginn die Maskierflüssigkeit mit einem alten, dünnen Pinsel auftragen und am Ende abrubbeln. Die Flüssigkeit sollte an verschiedenen Stellen aufgetragen werden, damit sich die harte Kontur im Bild wiederholt. Wenn du ein bisschen Seife an den Pinsel gibst, verklebt er nicht so schnell.

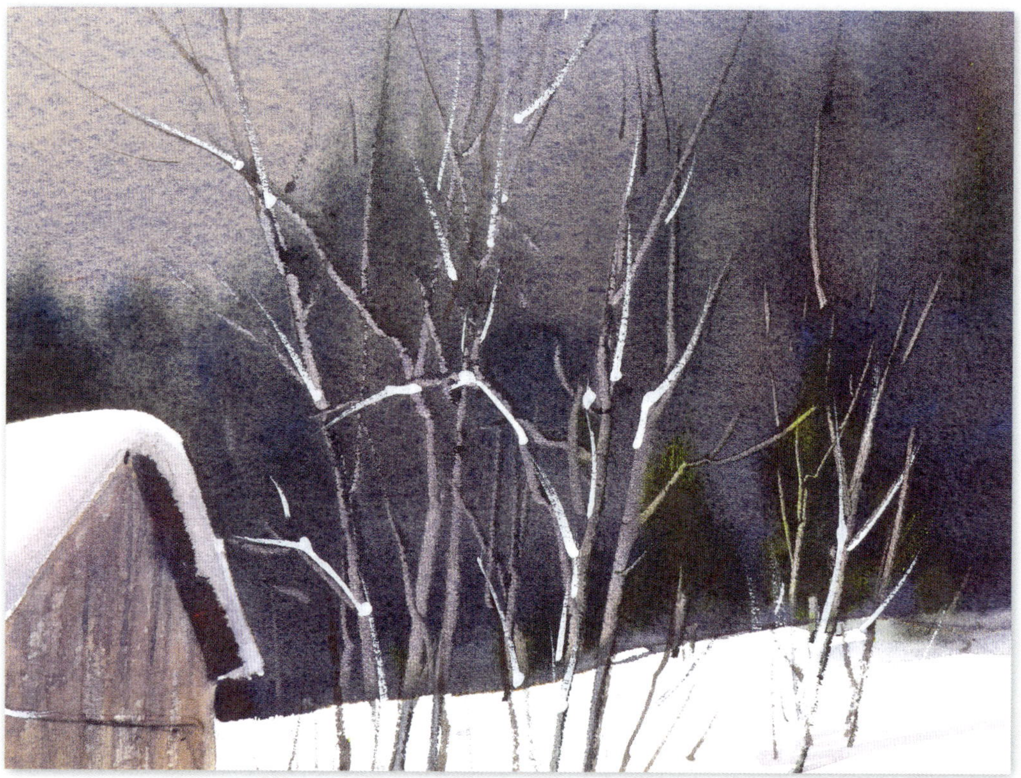

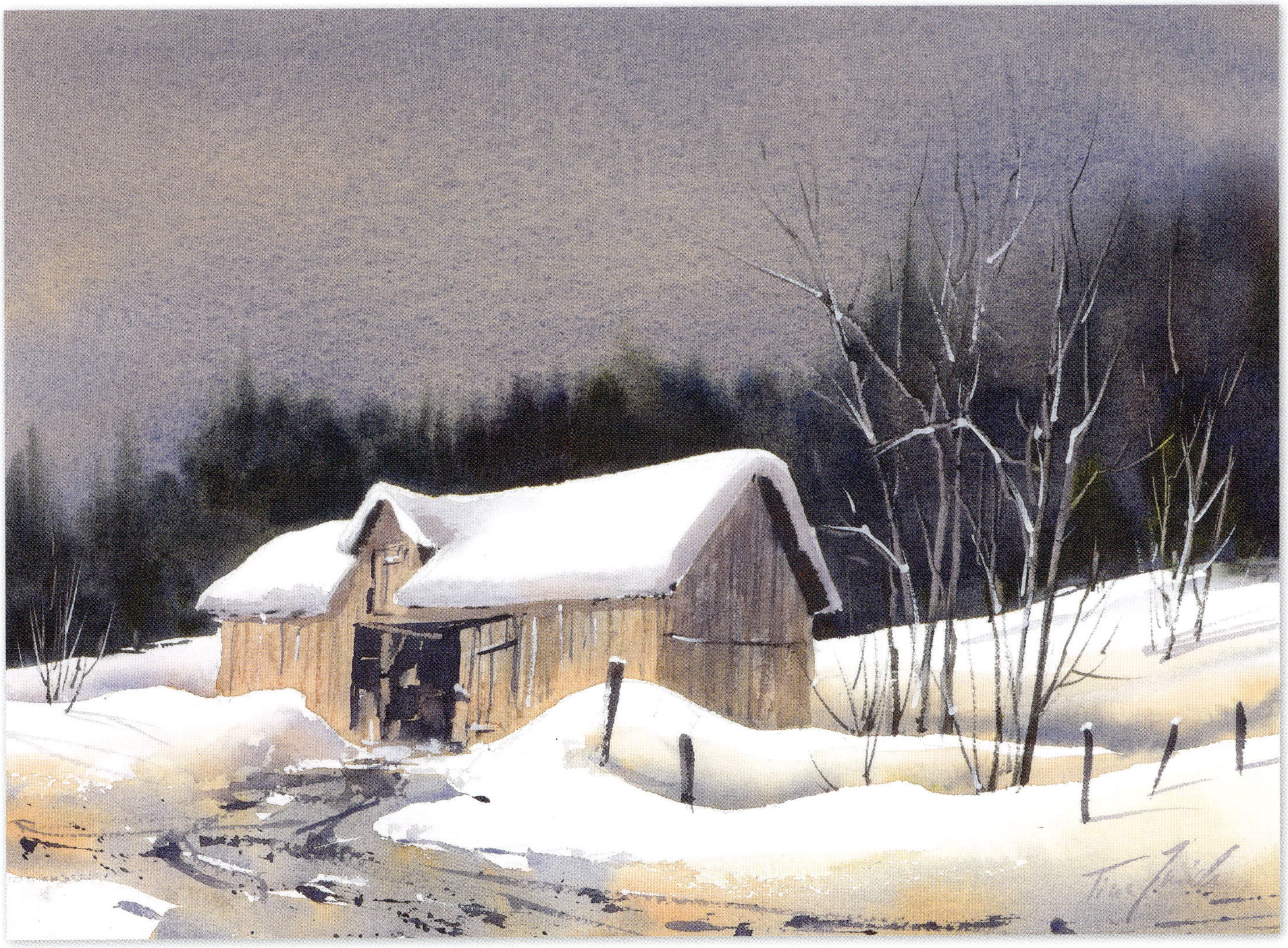

Fertiges Bild

Male nun eine leichte Lasur der Dreiermischung auf die rechte Seite der Scheune und an die Unterkanten des Schnees; so entstehen Räumlichkeit und Tiefe.
Fülle dann mit dicker, dunklerer Farbe den Innenraum der Scheune und breche mit ein paar weiteren Kratzern diese Fläche auf.
Ergänze mit dem Schlepper die fehlenden Äste, setze ein paar Pfosten und deute ein paar Matschspuren auf dem verschneiten Weg an.
Zum Schluss setzt du helle Schnee-Akzente mit Titanweiß direkt aus der Tube auf einige Äste und eventuell auf die Pfosten.

Tipp: Solltest du kein Titanweiß zur Hand haben, kannst du mit einem scharfen Messer ein paar Highlights vorsichtig herauskratzen. Dabei nur auf der Oberfläche arbeiten und nicht ins Papier schneiden!

Nebelschwaden

Du brauchst:

Aquarellpapier Arches Feinkorn, 300 g/m²

Aquarellfarben in
- Siena natur
- Siena gebrannt
- Französisch Ultramarin

Pinsel s. S. 8

Malspachtel

Nebelstimmungen sind in ihrer Tonwertigkeit sehr reduziert, das heißt, es gibt keine starken Hell-Dunkel-Kontraste. Die Übergänge sind weich und manchmal kaum sichtbar. Der Handel bietet fertige Grau- und Schwarztöne an, doch sind diese oft stumpf und eintönig. Selbstgemischte Grautöne sind lebendiger und deshalb besteht hier die Farbauswahl wieder aus den drei Grundfarben Gelb, Rot und Blau.
Halte bei diesem Motiv stets im Hinterkopf: Je weiter die Dinge entfernt sind, desto heller sind sie und desto weicher ihre Silhouette. Je weiter sie nach vorne kommen, desto dunkler und scharfkantiger werden sie.

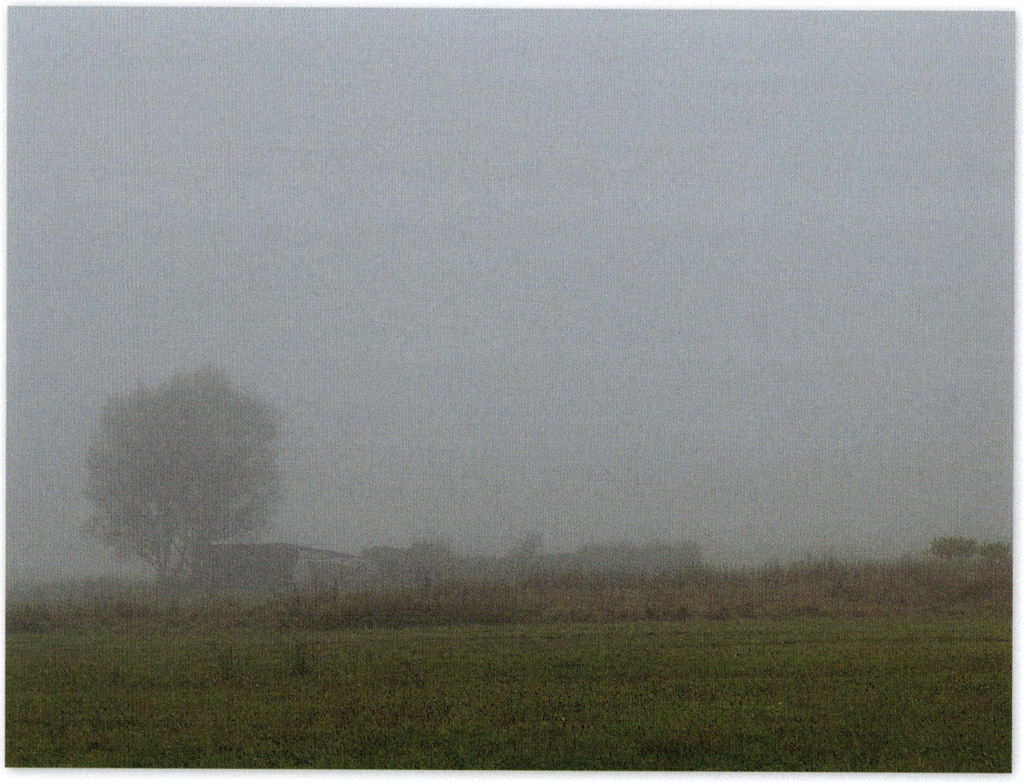

Motivvorlage
Tja, und wie das so ist bei Nebel, sieht man auf dem Foto nicht allzu viel. Da ist deine Kreativität gefragt. Der Himmel ist ohne jegliche Abstufung, eine graue Einheitssuppe. Er kann so gemalt werden oder man bricht ihn mit ein paar Pinselstrichen. Doch wird hier zu viel gemacht, geht die Nebelstimmung schnell verloren.

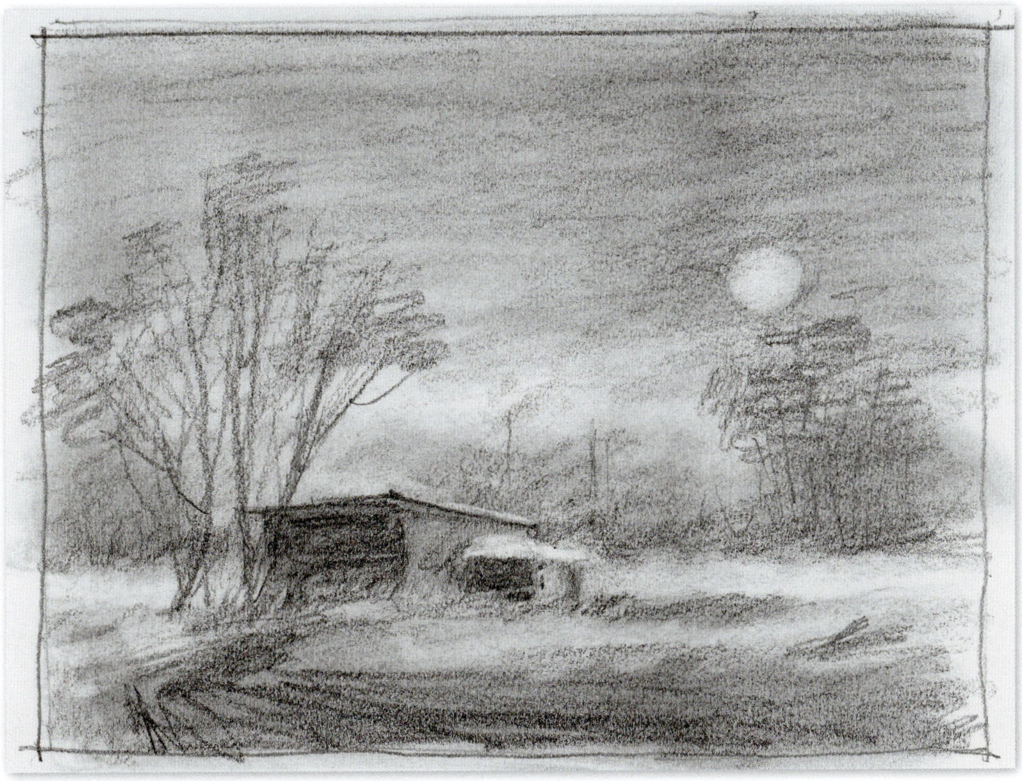

1. Schritt

Da auf dem Foto von der Holzhütte nicht viel zu erkennen ist, kannst du deine Hütte so bauen, dass du ihre Form verstehst und sie auch malen kannst. Hier im Beispiel ist es eine Hütte, in der ein paar Gartengeräte stehen, mit einem abgedeckten Haufen Holzscheite daneben. Zwei Bäume stehen links neben der Hütte und ein weiterer Baum als Gegengewicht rechts.

Die Sonne könnte gerade durch den Nebel herauskommen. Scheuche eventuell ein paar Raben auf und erzähle deine persönliche Nebelgeschichte.

2. Schritt

Feuchte das Papier mit dem großen Flachpinsel gut an, besonders die Randbereiche. Französisch Ultramarin und Siena gebrannt werden auf der Palette gemischt und mit gleichmäßigen Pinselstrichen auf den Himmel aufgetragen. Gib nun zu der Grau-Mischung Siena natur dazu und male die Wiese im Vordergrund. Der Zwischenbereich, also etwa der Standpunkt der Hütte, bleibt ohne Farbe.

Nicht trocknen lassen und zügig zum nächsten Schritt übergehen!

3. Schritt

In das noch feuchte Papier malst du nun die Bäume im Hintergrund ebenfalls aus den drei Farben, wobei eine Farbe immer mehr hervorstechen sollte. Im Pinsel darf nur Farbe, kein Wasser sein. Der Pinsel zieht sich das Wasser aus dem feuchten Papier. Male danach die Grasbüschel um die Hütte und dann die Gräser im Vordergrund. Lasse dazwischen die erste Lasur stehen und übermale sie nicht. Wenn die Farbe den Glanz verliert, kannst du Gräser und Wegspuren mit der Malspachtel in den Vordergrund kratzen.

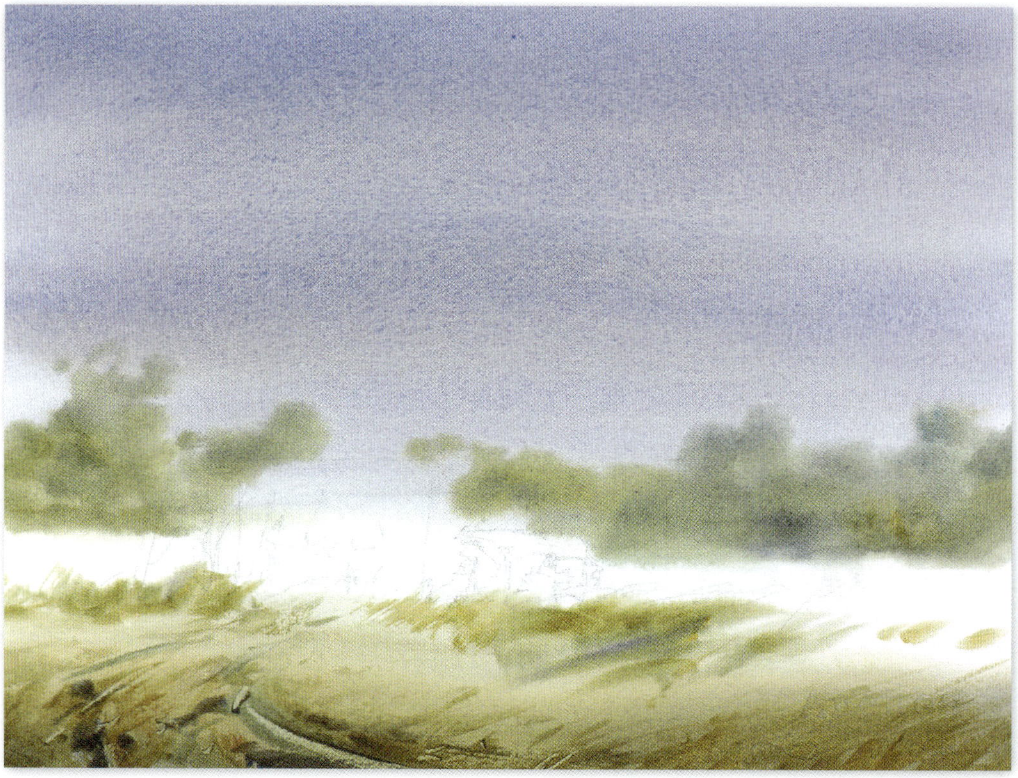

4. Schritt

Halte die Farbe im nächsten Schritt in einem Mittelton, der nicht zu dunkel sein sollte. Male auf das nun trockene Papier die Hütte und den Holzstapel und spare dabei die Abdeckung des Stapels aus. Lasse mit dem Schlepper die Bäume von unten nach oben wachsen. Weiter hinten werden die Bäume noch spärlicher angedeutet in noch zarterer Farbe.

Die Gegenstände in der Hütte deutest du nur an, indem du mit dem weichen Waschpinsel etwas Farbe herausnimmst. Kratzen wäre hier schon zu scharfkantig.

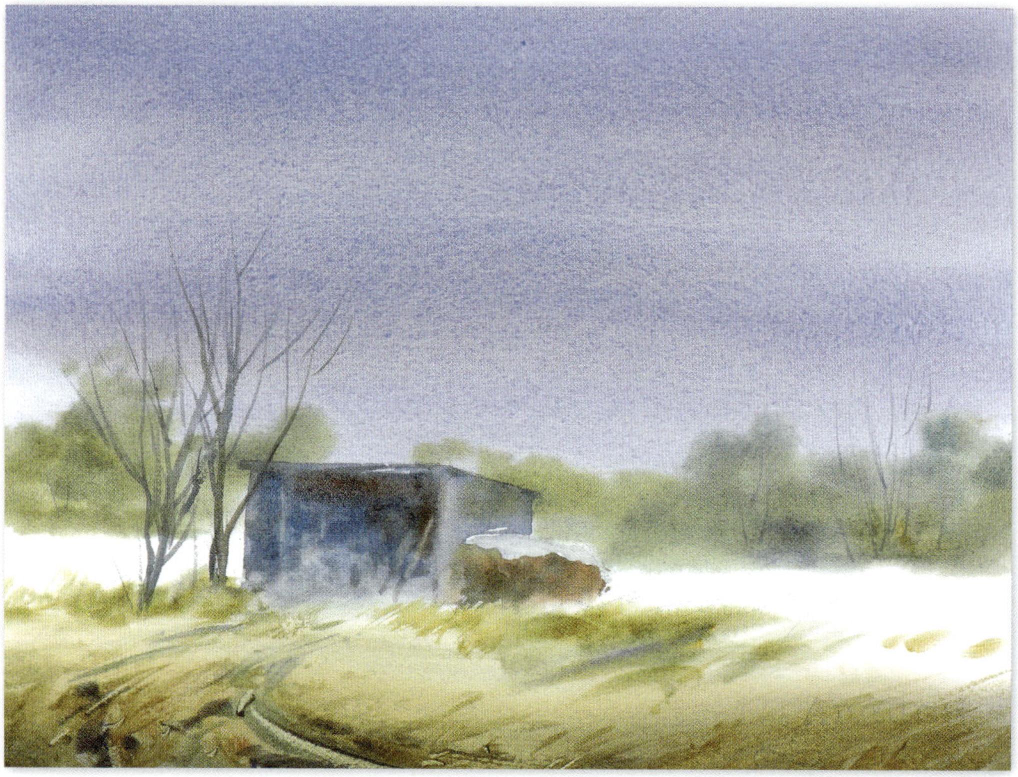

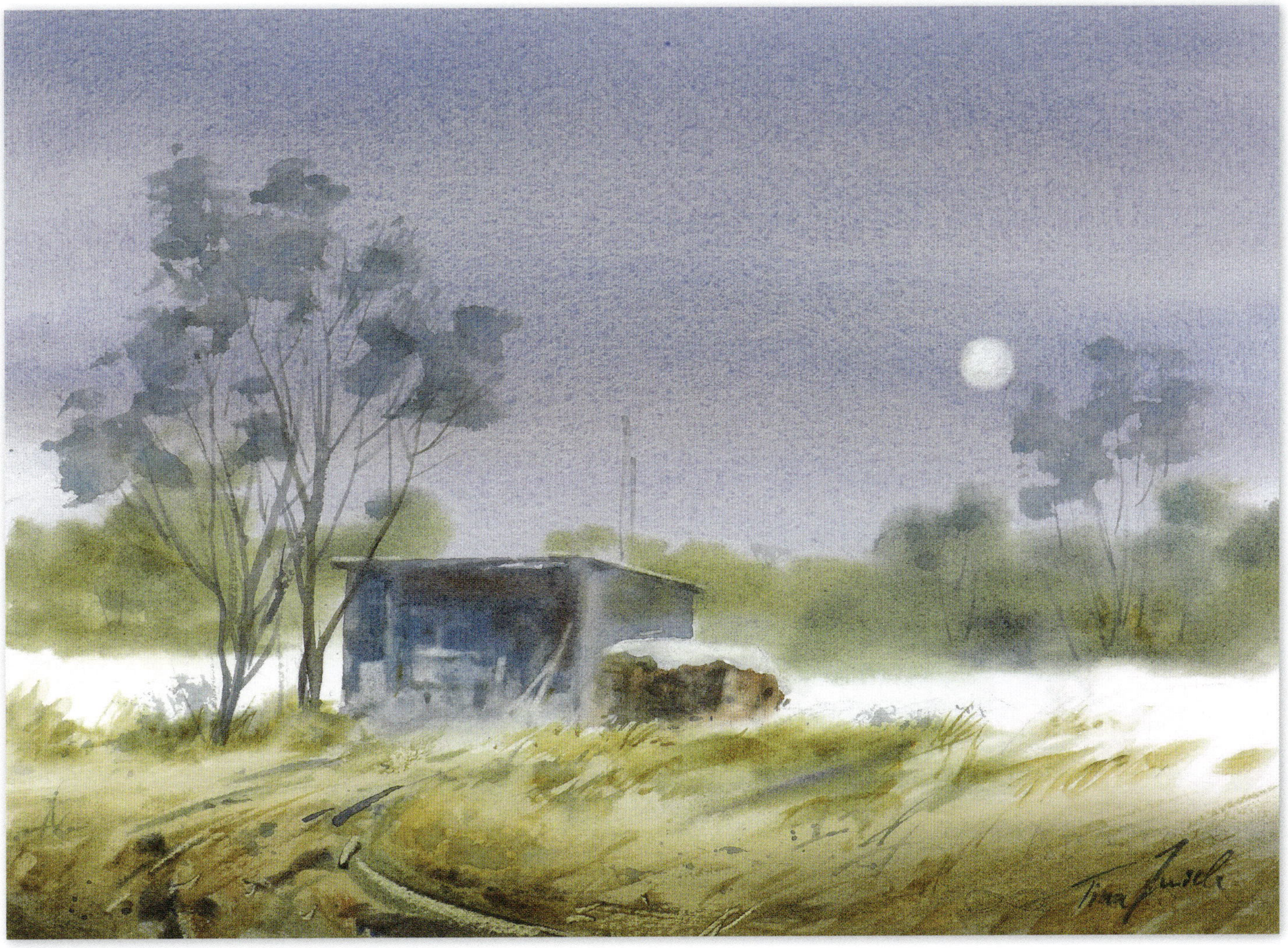

Fertiges Bild

Setze nun das Laub der Bäume in einem hellen Mittelton aus Französisch Ultramarin und Siena gebrannt oben auf die Astenden. Halte dabei die Form des Baumes interessant und ändere jedes Mal die Größe der Laubbüschel. Der rechte, hintere Baum darf etwas heller sein.
Dann wird mit dem runden Borstenpinsel vorsichtig eine kleine Sonne aus dem Papier gewaschen. Prüfe, ob es noch ein paar einzelne Gräser im Vordergrund braucht. Vielleicht möchtest du statt der Sonne auch lieber einen Vogelschwarm ins Bild fliegen lassen.

„Die Farbe ist der Ort, wo unser Gehirn und das Weltall sich begegnen."

Paul Cézanne

Novembermorgen

Du brauchst:

Aquarellpapier Arches Grobkorn, 300 g/m²

Aquarellfarben in
- Coelinblau
- Preußischblau
- Kadmiumrot
- Chinacridongold

Pinsel s. S. 8

Malspachtel

Hält man die Kontraste im Himmel gering, das heißt wenig Tonwertwechsel und weiche Wolken, bekommt das Bild eine ruhige Stimmung. Hier gibt es unendlich viele Möglichkeiten, die Wolken ziehen zu lassen. Sind es dunklere Wolken auf hellem Himmel, musst du keine negativen Formen malen. Dennoch kann man auch „schwarze Schafe" malen. Also gilt es, jede Wolke in ihrer Form anders zu gestalten.
Mit der Richtung, in die die Wolken ziehen, kannst du das Auge des Betrachters durch die Komposition führen. Du kannst mit einer Wolke den Blick z.B. auf einen bestimmten Baum lenken oder ihn zu einem Haus führen.

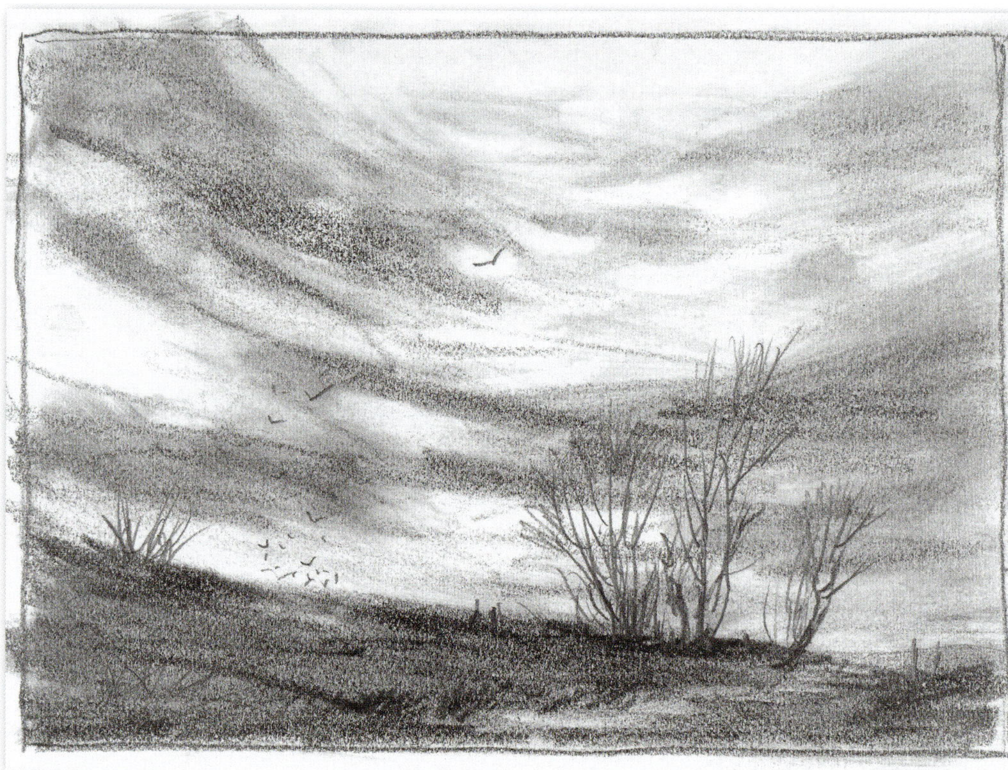

1. Schritt

Je weniger auf einem Bild ist, desto schwieriger ist es, die Komposition auch interessant zu gestalten. Überlege dir in deiner Tonwertskizze, in welche Richtung die Wolken ziehen sollen, diagonal oder vielleicht doch lieber horizontal.
Die größte Wolke sollte idealerweise auf der Gegenseite der Baumgruppe stehen, um diese zu balancieren.

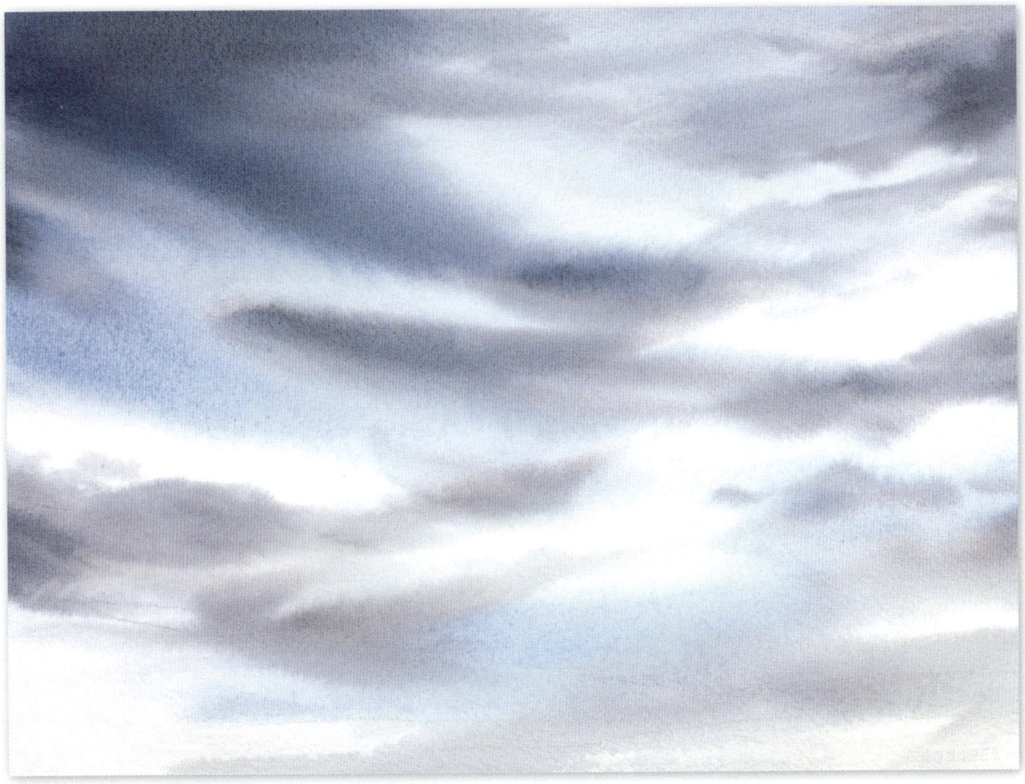

2. Schritt

Feuchte die gesamte Bildfläche an und achte darauf, dass alles gleichmäßig feucht ist. Die Ränder trocknen immer am schnellsten. Es darf aber auch nicht zu nass sein.
Lege ein paar Pinselstriche Coelinblau als Grundierung in den Himmel. Sogleich folgen die Wolken mit einer Mischung aus Coelinblau, Preußischblau und Kadmiumrot.
Halte den Pinsel trockener als das Papier, um ein Davonlaufen der Farbe zu vermeiden. Achte darauf, dass die Formen der hellen und dunklen Flächen unterschiedlich sind. Keine „Schäfchen" malen!

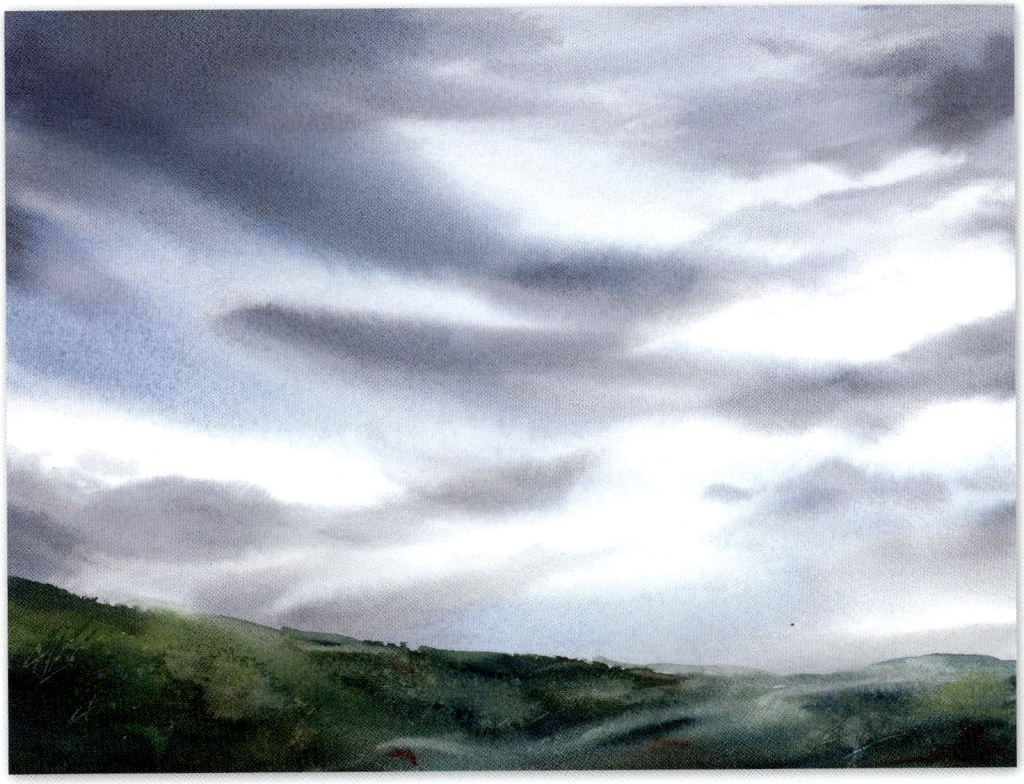

3. Schritt

Du kannst warten, bis der Himmel trocken ist, oder gleich fortfahren, wenn der Vordergrund noch feucht sein sollte. Ansonsten feuchte das Papier unten etwas an und lasse alle vier Farben auf dem Papier ineinanderlaufen.
Wird die Fläche zu gleichmäßig, gib ein paar Wasserspritzer darauf oder kratze Steine und Gräser in die feuchte Farbe.
Es ist möglich, mit einem weichen Pinsel wieder etwas Farbe herauszunehmen. Die Fläche sollte einen schönen Kontrast zum Himmel bilden und nicht zu hell werden.

4. Schritt

Ziehe nun mit dem Schlepperpinsel die Baumstämme ein. Male die Bäume, wie sie wachsen, von unten nach oben. Lege dabei die Hand nicht auf, sondern arbeite möglichst aus dem freien Handgelenk heraus.

Das Grobkorn-Papier erlaubt es dir, Struktur in die Bäume zu bringen, wenn du die Farbe ziemlich trocken aufträgst oder den Pinsel schnell über das Papier ziehst.

Am besten „schwinge“ dich vorher mit dem Schlepper auf einem separaten Stück Papier mit gleicher Körnung ein.

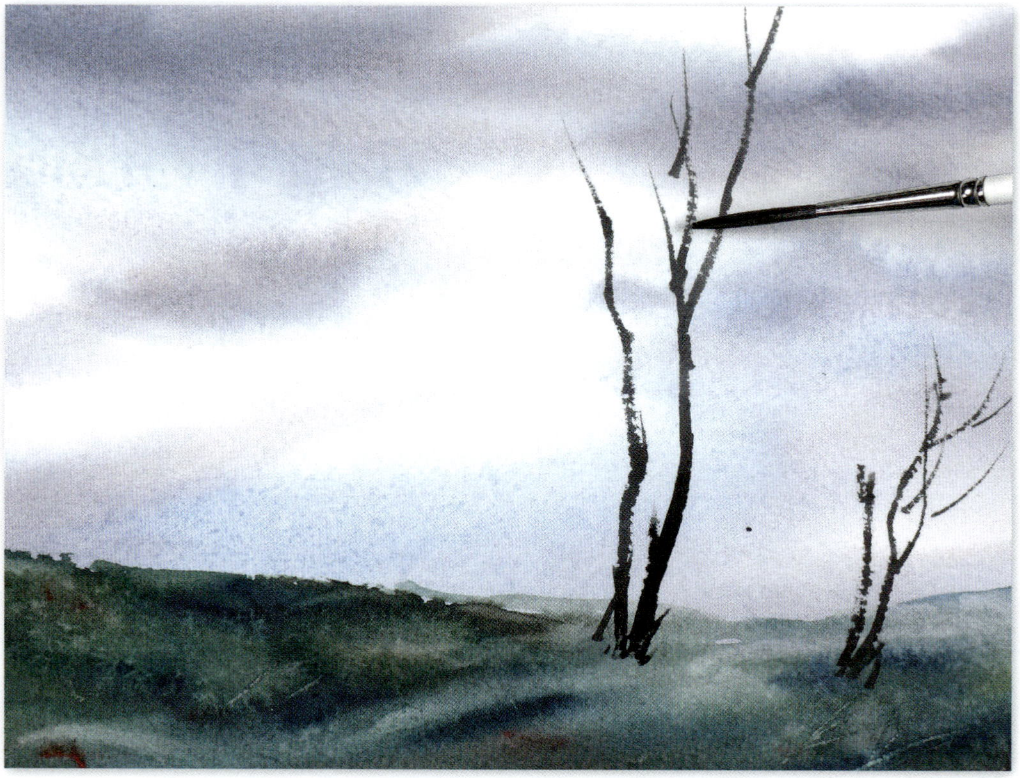

5. Schritt

Keines der Bäumchen sollte genau wie das andere aussehen. Variiere die Form, die Größe, den Abstand zwischen den Bäumchen, die Richtung der Äste, die Struktur, die Helligkeit und die Dunkelheit und eventuell auch die Farbe. Es müssen nicht alle Punkte sein, doch je mehr du variierst, desto spannender werden deine Bäume.

Mache einen kurzen Absatz, wenn ein Ast vom Stamm weggeht und male keine Schlangenlinien.

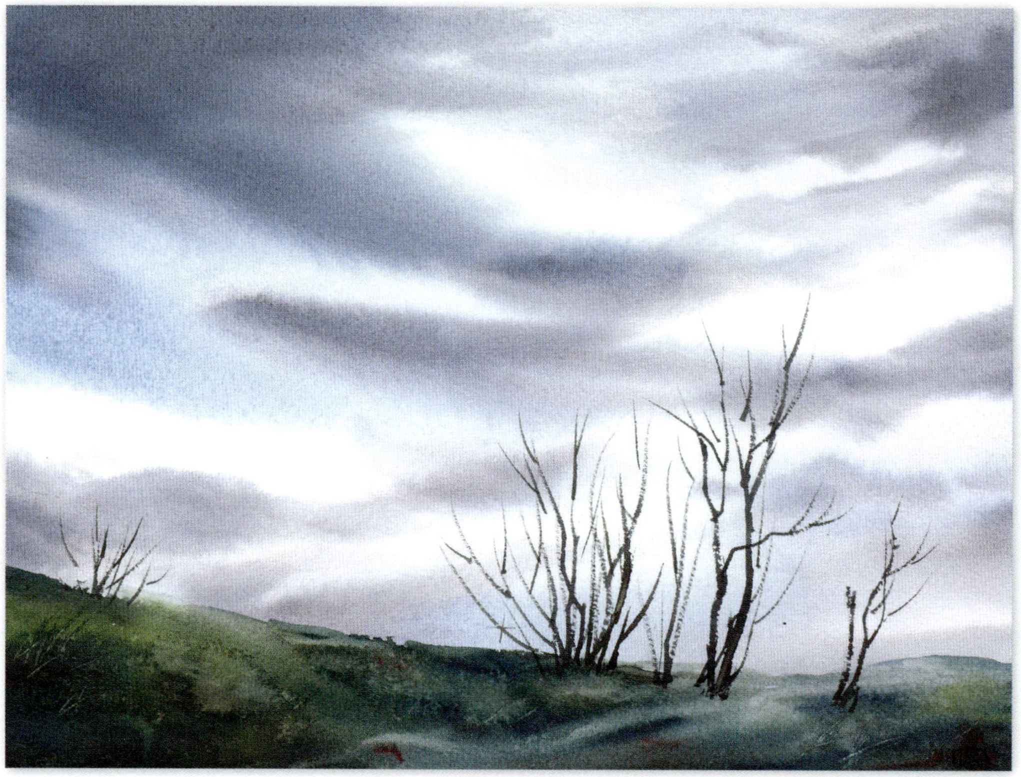

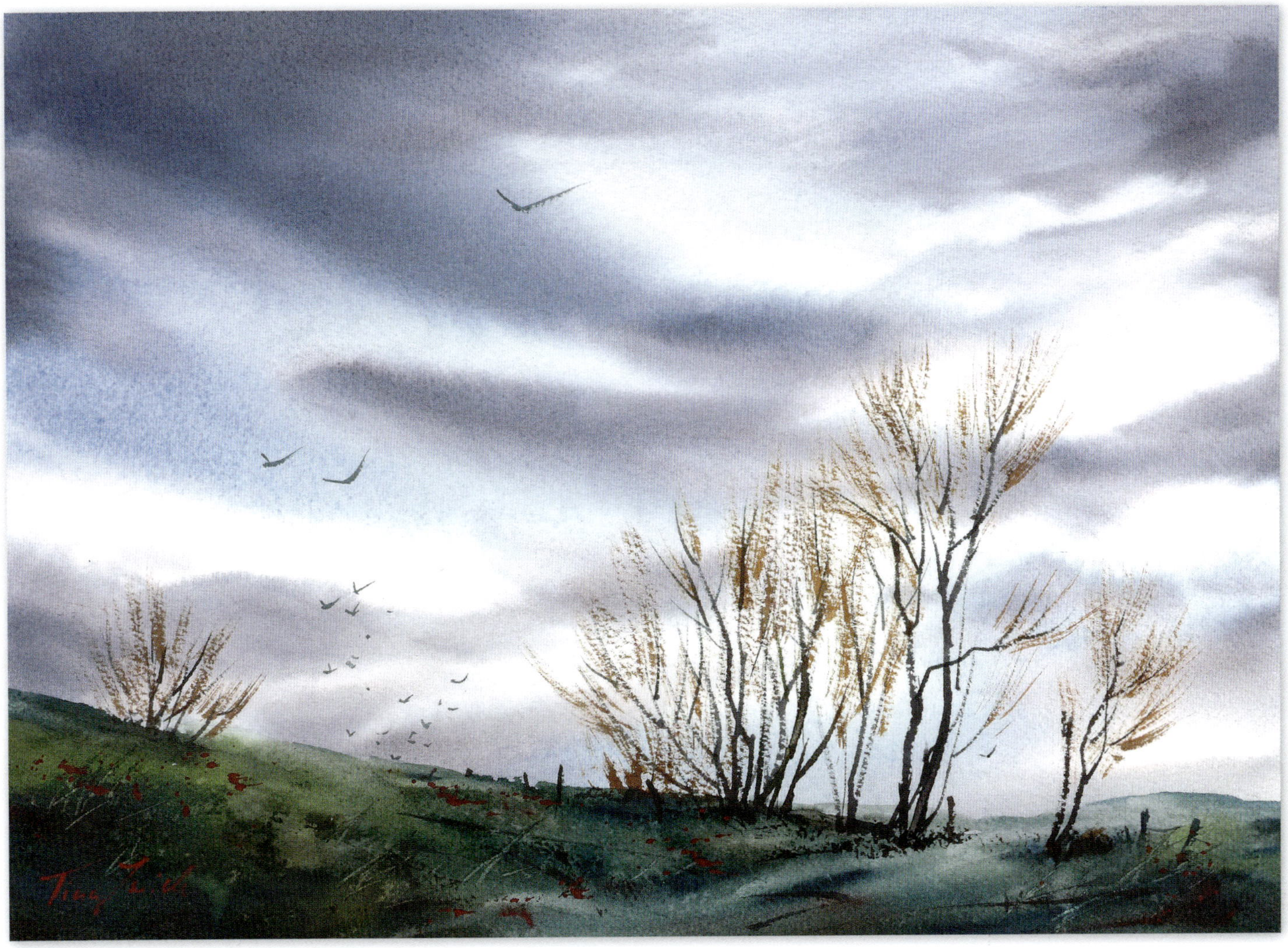

Fertiges Bild

Nimm nun den kleinen Flachpinsel oder den 12er-Rundpinsel und mische Chinacridongold, Kadmiumrot und ganz wenig Blau dazu.

Spreize die Pinselhaare zwischen Daumen und Zeigefinger auseinander, sodass du eine Art Fächerpinsel bekommst. Setze damit die feinen End-Äste auf die anderen Äste. Variieren nicht vergessen! Setze noch ein paar Pfosten, wenn du möchtest, einen Vogelschwarm (hinten kleine Vögel, vorne größere) und einige Spritzer Kadmiumrot für die Blümchen ins Bild.

Tipp: Sollte ein Himmel eine völlig andere Richtung einschlagen, als du es dir vorgestellt hast, nicht verzagen, sondern weitermachen! Lege dunkle Wolken über misslungene Stellen, wasche den Himmel ab und lege ihn erneut an – das geht allerdings nur bei richtig gutem Papier – oder sprühe Teile mit der Sprühflasche weg.

Nachwort

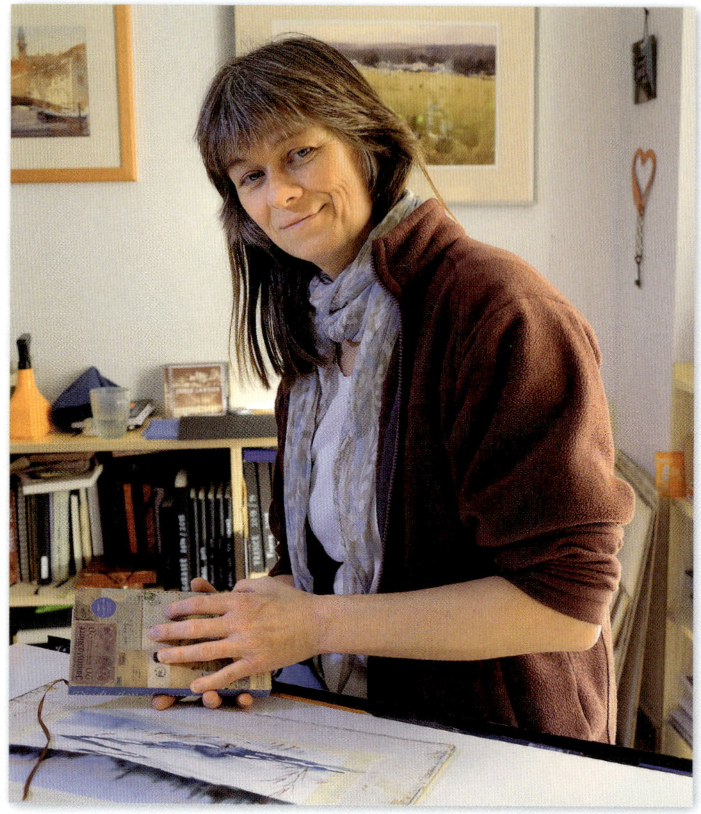

Sicherlich braucht es seine Zeit, ein wenig Geduld, mehrere Anläufe und viele Blätter Papier, um das Aquarell in den Griff zu bekommen, aber es ist die Mühe wert.
Ich bin sicher, du hast bei den Übungen ganz unverwechselbare Himmelstimmungen geschaffen, die du nun in deinen eigenen Motiven umsetzen kannst. Technik kann man erlernen, Inspiration und die Begeisterung für das Aquarell muss aus dir herauskommen.
Denke daran, wenn es mal nicht so laufen sollte wie gewünscht: Versuche immer, etwas aus dem „Unglück“ zu zaubern. Man lernt sehr viel aus und von seinen Fehlern und davon, sie wieder loszuwerden. Manchmal sind es ja gerade die vermeintlichen „Unglücke“, die deinem Himmel das gewisse Etwas geben.

www.jurick-art.de

Tina Jurick

1

Impressum

Illustrationen und Fotos: Kristina Jurick
Verantwortlich: Maria Möllenkamp
Lektorat und Produktmanagement: ZweiKonzept GbR
Layout: Michael Feuerer
Umschlaggestaltung: Sophie Schillo
Repro: LUDWIG:media
Herstellung: Julia Hegele
Printed in Poland by CGS Printing

Illustrationen und Fotos: Kristina Jurick; S. 92 © artistravel

Die Deutsche Nationalbibliothek verzeichnet diese Publikation in der Deutschen Nationalbibliografie; detaillierte bibliografische Daten sind im Internet über http://dnb.d-nb.de abrufbar.

3. Auflage 2024

Infanteriestraße 11a, 80797 München

ISBN: 978-3-86230-428-8